LE PUITS
DE CARNAC

DRAME EN QUATRE ACTES

DE

M. CHARLES DUMAY

MUSIQUE DE M. DIACHE

PARIS

E. DENTU, ÉDITEUR

Libraire de la Société des Auteurs et Compositeurs dramatiques

ET DE

la Société des Gens de Lettres.

PALAIS-ROYAL, 17 & 19, GALERIE D'ORLÉANS.

1870

LE PUITS

DE CARNAC

1477. Paris. — Typ. Morris père et fils, 64, rue Amelot.

LE PUITS DE CARNAC

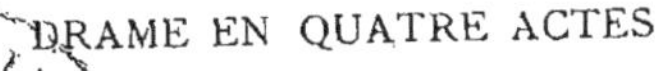

DRAME EN QUATRE ACTES

DE

M. CHARLES DUMAY

MUSIQUE DE M. DIACHE

Représenté pour la première fois, à Paris, sur le théâtre
du Château-d'Eau, le 14 Avril 1870.

PARIS

E. DENTU, ÉDITEUR·

Libraire de la Société des Auteurs et Compositeurs dramatiques

ET DE

la Société des Gens de Lettres.

PALAIS-ROYAL, 17 & 19, GALERIE D'ORLÉANS.

1870

A M. HIPPOLYTE COGNIARD,

AUTEUR DRAMATIQUE,

DIRECTEUR DU THÉÂTRE DU CHATEAU-D'EAU

———

Cette pièce est dédiée, mon cher monsieur Cogniard, non-seulement au directeur qui m'a ouvert courageusement ses portes, mais aussi et surtout à l'auteur expérimenté et à l'homme affable qui a fait de moi son confrère et son ami dévoué.

CHARLES DUMAY.

Si cette brochure pouvait être dédiée une seconde fois, elle le serait à coup sûr à M. ÉDOUARD CADOL, qui, de sa plume et de ses conseils m'a aidé à mettre à la scène le sujet qu'elle renferme.

Je tiens à l'en remercier ici. La confraternité envers un débutant est chose assez rare pour qu'on s'estime heureux et qu'on se montre reconnaissant d'en avoir ressenti les bons effets.

Je ne dois ni ne veux oublier non plus les artistes si dévoués et si consciencieux qui m'ont prêté leur concours : Mme E. Picard, qui peut tenir désormais dans le drame une place égale à celle qu'elle occupe dans la comédie; Mme L. Thierry, qui, du premier coup, par sa création de Sylvaine, s'est fait une position à Paris. — Du côté des hommes : **M. Sully**, pour qui le rôle de Périk a été une révélation, quelque nombreuses que soient les qualités qu'on lui connaissait déjà ; **M. Brelet, Reykers et Georges**, qui ont composé leurs personnages avec une science théâtrale remarquable. Mais ce que je veux surtout louanger, c'est l'ensemble parfait que j'ai trouvé dans ce théâtre du Chateau-d'Eau, cet *esprit de la maison* qui fait qu'au lieu de contraster avec la réplique du camarade, chaque phrase d'un rôle vient donner, au contraire, une nouvelle valeur au rôle du voisin. Ce résultat est dû aux efforts d'une direction habile et d'un régisseur actif : **M. France**.

Ch. Dumay.

Ne fût-ce que pour éviter certains critiques ou pour aider
à comprendre ce que nous avons rêvé de faire, à défaut
de ce que nous avons fait, nous croyons bon de donner
quelques explications sur la conception des personnages de
la pièce qui suit :

La scène se passe en Bretagne, comme elle aurait pu se
passer en Corse ou ailleurs, parce que l'action nécessite des
caractères fortement trempés, celui, par exemple, d'un père
qui, comme les chefs des anciennes maisons, entend réser-
ver à lui seul la police de la famille, et ne craint pas de s'éri-
ger en justicier, quitte après avoir appliqué les lois de
l'honneur à se soumettre s'il le faut à celles de la société.

A côté se trouve Périk, pauvre pêcheur d'épaves, toujours
prêt à braver le danger sous l'œil de Dieu ou sous celui du
douanier, — misérable contrebandier aux antécédents dou-
teux, et prêt par conséquent à devenir la victime des plus
téméraires soupçons, — nature de fer, capable de tout,
même de sacrifice, par entêtement ou résolution, — pauvre
diable abreuvé de dédains et de mépris, mais dans le cœur
duquel l'amour est venu par hasard se nicher comme une
fleur au milieu des rochers qu'il habite.

Puis Germain, un orphelin du pays, élevé par la charité
de quelque bonne âme au séminaire de la ville, — humble
cloarek devenu instituteur. L'éducation lui a donné le

charme, mais elle lui a pris la force. — Il a trop appris ce
qu'est la responsabilité des actes, et bien que dévoré par une
passion ardente, il ne sait que pleurer et gémir pour défendre son amour.

Gervais et la Grand'Faucheux ne sont que des figures de
fantaisie nécessaires à l'enchaînement des faits ou à leur
encadrement.

Quant à l'héroïne, c'est Sylvaine, une jeune *penneres*,
riche et belle, — une brune bretonne au sang à fleur de
peau et à la lèvre couverte de duvet.

Si le théâtre emprunte souvent à l'amour, c'est que l'un
et l'autre sont soumis aux mêmes lois. Ce thème, qui pourrait être développé, est surtout vrai pour la loi des contrastes.
— Les regards d'une fille brune et vigoureuse comme la
Sylvaine ne seront attirés que par quelque blondin faible et
poétique. C'est pourquoi Sylvaine aime Germain, et, les circonstances aidant, l'aime jusqu'au crime, car de telles
femmes ne connaissent pas d'obstacles, et, si l'homme qu'elles
ont choisi manque d'énergie ou de courage pour défendre
leur union, elles se chargent elles-mêmes de ce soin.

Sylvaine, c'est la Charlotte Corday de l'amour !

Tels sont les éléments du drame.

Quand il s'agit de passer de la conception d'une idée à sa
représentation théâtrale, il faut compter avec mille exigences
scéniques. C'est ainsi que la difficulté de faire accepter le
caractère de cette *tueuse par amour*, et de lui conserver
les sympathies du public, a fait accentuer les circonstances
atténuantes de son crime. — La crainte que la mollesse de
l'amoureux ne le rende ridicule lui a fait insuffler une certaine dose d'énergie en contradiction avec son caractère pri-
mitif. — Enfin il a paru nécessaire de ne pas finir sur le

troisième acte, comme cela avait d'abord été l'intention de
l'auteur, pour ne point laisser partir avec des regrets le spec-
tateur qui s'était intéressé à Sylvaine, à cause même de la
grandeur de sa faute.

Au lecteur maintenant de juger l'œuvre.

25 avril 1870.

LE PUITS DE CARNAC

PERSONNAGES

—

PÉRIK, 30 ans ... ...   MM. SULLY.

TANGOEL, 50 ans, fermier ... ...   BRELET.

GERMAIN, 28 ans, instituteur.. ... .   GEORGES.

GERVAIS, marin, 30 ans. . .. .   REY KERS.

KEROUAT-LE-GABIER ....   PAVIE.

PONGO ... ...   BOUTON.

LA GRAND'FAUCHEUX, 80 ans.. ... .   Mmes E. PICARD.

SYLVAINE, 22 ans, fil e de Tangoël... .   L. THIERRY.

YVONNE, 18 ans.. ....   JENNY.

UN SONNEUR DE BINIOU, PAYSANS, DANSEURS ET DANSEUSES,
ÉCOLIERS, ETC.

Pour la mise en scène s'adresser au Théâtre.

LE PUITS DE CARNAC

ACTE PREMIER

Une clairière au fond d'une lande accidentée. Au premier plan une hôtellerie, devant laquelle sont des tables où se trouvent des couverts en désordre. De l'autre côté une table dans le même état, près d'une sorte de bosquet; au deuxième plan un puits rustique surmonté d'une croix de fer.

SCÈNE PREMIÈRE

DANSEURS , DANSEUSES , PAYSANS JEUNES ET
VIEUX, UN SONNEUR DE BINIOU, MARINS, ETC.

(Au lever du rideau les uns sont attablés et boivent. les
autres dansent une ronde très-animée. Le Joueur de
biniou, s'accompagnant de son instrument, chante :)

LE SONNEUR,

Ier COUPLET.

Allons, enfants, formez la chaîne,
Le cœur joyeux, filles et garçons;
Venez danser sous le vieux chêne,
L'arbre chéri des bas Bretons.

CHŒUR.

(En dansant la bourrée.)

Frappons le pied, levons la jambe,
Que notre chant marque le pas.
La jeunesse nous rend ingambes,
Plus tard nous ne danserons pas.

LE SONNEUR.

II° COUPLET.

Belles, accourez sous son ombrage,
On y rencontre un beau danseur,
Et quand on retourne au village,
On y ramène un épouseur.

CHŒUR.

Frappons le pied, levons la jambe,
Que notre chant marque le pas.
La jeunesse nous rend ingambes,
Plus tard nous ne danserons pas.

SCÈNE II

LES MÊMES, LA GRAND'FAUCHEUX *et des* ENFANTS.

LES ENFANTS, *entrant en scène et précédant la Faucheux comme s'ils la fuyaient.*

Au loup! au loup!

UNE DANSEUSE.

Qu'est-ce qu'il y a?

LES ENFANTS.

Au loup! au loup!

LA DANSEUSE.

La Grand'Faucheux! au loup! (*La danse est interrompue, on entoure la Faucheux.*)

TOUTES.

Ah!

PONGO.

Voyons, là, ho! Faut pas l'ahurir, non plus. Écoutez un peu, qu'on lui parle. Qu'est-ce que tu viens faire à la fête de Carnac?

LA FAUCHEUX.

Voir ce que vous y faites aussi, vous autres, c'est-il défendu?

PONGO.

Non, mais tu sais bien comme elles sont ; quand elles s'amusent, elles n'aiment pas à te voir.

LA FAUCHEUX.

Qu'est-ce que ça me fait donc, ça ? J'aime à les voir, moi. (*Murmures des filles.*) J'ai mes yeux encore, j'en use, j'en userai pas si longtemps. (*Murmures.*)

PONGO.

Vois-tu, c'est jeune, c'est bestiole. Elles disent que tu portes la guigne au monde.

LA FAUCHEUX.

Elles disent ça ? Qu'est-ce que ça me fait donc à moi ?

PLUSIEURS FILLES.

Non, va-t'en, la Grand'Faucheux.

TOUTES.

Oui ! oui !

PONGO, *riant.*

Tu les entends. Tiens, voyons, bois un verre de cidre, et contente-les.

LA FAUCHEUX.

J'ai pas soif.

LES JEUNES FILLES.

Veux-tu des sous ? veux-tu...

LA FAUCHEUX.

Je suis riche, aujourd'hui. J'ai une grande pièce de lard, chez nous, un pain frais de matelot, et des pommes vertes ; je suis riche, je vous dis. Je veux rien ; je veux voir.

TOUTES, *redoublant.*

Non, non, au loup ! (*On l'entoure, on veut la chasser.*)

SCÈNE III

LES MÊMES, SYLVAINE.

SYLVAINE, *intervenant et ramenant la Faucheux en scène.*

Eh ben ! qu'est-ce que c'est donc ! chasser les gens de la fête ! Elle est pauvre, c'est mal, elle est vieille aussi ; et quand vous aurez son âge.....

UNE DANSEUSE.

Quand je l'aurai...

LA FAUCHEUX.

Toi ! tâche !...

PLUSIEURS, *à Sylvaine.*

Tu l'entends, la mauvaise.

LES HOMMES, *riant, aux filles.*

Ah ! vous ne l'avez pas volé, aussi.

SYLVAINE.

C'est mon père qui donne la danse. Eh bien ! j'invite la Grand'Faucheux, moi ; voilà. Faut rien lui dire.

LA FAUCHEUX.

Ne te fâche pas, la Sylvaine ! laisse-les faire, va, je ne les crains pas, je ne crains ni les jeunes, ni les vieux, ni les forts, ni les malins. Les seuls que je craigne, tu m'en as sauvée, un jour qu'on voulait vendre ma cahutte...

SYLVAINE.

Parlons pas de ça, la mère.

LA FAUCHEUX.

Oublie-le, ça te sied ; mais je m'en souviens, moi.

SYLVAINE.

Allons ! tenez-vous où vous voudrez, et s'il vous faut quel-que chose...

LA FAUCHEUX.

Non. C'est pas à toi que j'ai affaire, va danser, fillette.

TOUS.

Oui, oui, dansons ! (*Pendant ce qui précède les danses ont repris un peu plus au fond. Périk et Germain sont entrés de côtés différents.*)

SCÈNE IV

LES MÊMES, PÉRIK, GERMAIN.

PÉRIK, *à la table qui est près du bosquet avec d'autre buveurs, et s'adressant au Sonneur de biniou qui est venu boire.*

Allons, allons, sonneur fourbu, assez bu, mon bonhomme. Il ne s'agit pas de t'emplir de cidre, c'est du vent qu'il nous faut.

LE SONNEUR.

Un moment ! (*Il boit.*)

PÉRIK.

On a ben raison de dire : ivrogne comme un sonneur !

LE SONNEUR.

On a bien raison de dire aussi que tu es plus souple de la langue que des bras. Je compte-t-y, moi, les fois que tu couches à la belle étoile sur les côtes d'Angleterre, avec tes bons amis les contrebandiers ?

PÉRIK.

Ah ! ah ! tu te fâches ? c'est que le bât te blesse.

LE SONNEUR.

Oui, je me fâche.

PÉRIK.

Va donc souffler, bêta.

LE SONNEUR.

J'irai si je veux. Et parle pas si haut, t'entends bien.

PÉRIK.

A cause ?

LE SONNEUR.

A cause que voilà un bras qui te fera souffler aussi, fli-bustier.

PÉRIK, *sans se lever et saisissant un couteau qui est sur la table.*

Essaie-z-y donc.

LES AUTRES.

Eh ben ! eh ben !

GERMAIN, *intervenant.*

Voyons, voyons ! C'est fête aujourd'hui, pas de querelles.

UN BUVEUR

C'est rien... maître Germain.

LE SONNEUR.

C'est ce bandit-là, qui entreprend tout le monde.

GERMAIN.

Allons, Périk, du calme.

PÉRIK.

C'est-il que vous vous croyez à votre école et que vous voulez me mettre le bonnet d'âne comme à vos marmots?

LES AUTRES.

Allons, tu as tort.

PÉRIK.

Si je veux avoir tort, moi?

GERMAIN.

En tout cas on ne menace pas de coups de couteaux. C'est lâche.

PÉRIK.

C'est bon, ça. Faut-il pas se laisser faire la loi par les bœufs!

UN BUVEUR.

Laissez-le, allez, monsieur le maître. Vous n'en aurez pas raison.

PONGO.

On ne sait pas ce qu'il a aujourd'hui. (*On s'éloigne.*)

PÉRIK, *rejetant le couteau sur la table.*

C'est vrai, je suis dans le noir.

PONGO.

Allons danser dans le pré, nous autres, ça fait qu'il ne nous dérangera pas.

TOUS.

Oui, oui. (*Germain remonte.*)

LA FAUCHEUX, *qui s'est avancée et que le départ des buveurs démasque.*

Qu'est-ce que tu as donc, mon fieu?

PÉRIK.

Ah! c'est vous, grand'mère.

LA FAUCHEUX.

Pourquoi que tu es venu là? Tu ne veux pas me le dire. Mais t'as pas besoin, je le sais. Qu'est-ce que c'est aussi, de se mettre des choses comme ça dans la tête!

PÉRIK, *impatient.*

Vous ne savez pas.

LA FAUCHEUX.

Tu ne viens pas rôder autour de la Sylvaine? Au fait! elle vaut la peine des tracas qu'on en prend. Une belle mignonne, bien venue! et pas un de ces oisons qui n'ont que leurs beaux yeux bêtes. Elle a de l'entendement celle-ci; elle est brave et solide! Une femme à se tenir ferme à côté d'un mari qu'elle aimerait, capable de batailler avec lui contre les autres, et de défendre en tout temps sa nichée comme une louve.

PÉRIK, *entraîné*.

Pas vrai?

LA FAUCHEUX.

Et puis, quasiment, la première du pays. Le père a du bien, ben acquis, et qui rapporte! elle sera riche... très-riche.

PÉRIK.

Qu'est-ce que vous avez donc à me tourmenter, vous?

LA FAUCHEUX.

Ah! pauvre gas! à quoi que tu emploies la vue que le bon Dieu t'a donnée! Tu attends peut-être qu'elle te remarque? Aies-en peur plutôt. Qu'est-ce qu'elle penserait que t'en es amoureux? Veux-tu que je lui dise, pour la faire rire?

PÉRIK, *colère*.

Grand'mère!

LA FAUCHEUX.

Je te fais du mal? Remercie-moi, si tu comprends. Il faut te délivrer de cette idée-là et bien te dire qu'en toute sa vie elle n'aura seulement pas une minute à s'apercevoir que tu existes.

PÉRIK, *très-absorbé et sombre*.

Qui sait!

LA FAUCHEUX.

Hein? La Sylvaine à un gueux comme toi? à Périk, le contrebandier, le petit-fils de la Grand'Faucheux, la vieille sorcière! Ah çà, mais, t'es fou; tu rêves éveillé; ne t'imagines-tu pas la voir à ton bras, en robe de fiancée, au porche de l'église? Faut secouer ça, mon garçon; c'est jamais toi qui l'y conduiras.

PÉRIK, *se levant.*

Eh! je sais bien! je sais bien que c'est le lot de ce maudit maître d'école...

LA FAUCHEUX, *d'un air de doute.*

Germain?

PÉRIK.

Ils s'aiment tous les deux. Il y a longtemps qu'ils s'entendent. Il y a longtemps que je les ai surpris à combiner leur affaire.

LA FAUCHEUX.

Ouiche! (*Germain et Sylvaine enlacés apparaissent au fond et y restent un moment, appuyés à un arbre.*)

PÉRIK.

Je vous dis que j'en suis sûr. Tenez, regardez-les tous les deux. Ils s'arrêtent de danser. Elle est essoufflée et s'appuie sur lui de tout son corps qui frissonne. (*Se cachant les yeux.*) Ah!

LA FAUCHEUX, *lui abaissant une main.*

Vois donc, au contraire : ça brûle le cœur, mais ça guérit.

PÉRIK.

Eh, je ne veux pas être guéri. Et je n'ai pas besoin de regarder pour savoir qu'ils s'adorent.

LA FAUCHEUX.

Qu'est ce que ça fait donc, ça?

PÉRIK.

Ça fait! ça fait qu'un de ces jours cet intrigant de maître d'école obtiendra du père Tangoël...

LA FAUCHEUX.

Rien! (*Germain et Sylvaine disparaissent.*)

PÉRIK.

Eh?

LA FAUCHEUX.

Rien de rien, je te dis. Et tu perds bien ton temps à détester ce pauvre diable-là, qui sera plus malheureux que toi, parce qu'il s'en souviendra des frissons de la Sylvaine!

PÉRIK.

Qu'est-ce qu'il y a donc, grand'mère?

LA FAUCHEUX.

Ah! ne t'en réjouis pas, va; ça ne t'avance guère.

PÉRIK.

Dites donc, tout de même. Est-ce qu'on peut savoir? Je ne peux pas être plus mal loti : tout changement, c'est peut-être l'espérance.

TANGOEL.

Par ici, mes amis, par ici.

LA FAUCHEUX.

Tais-toi; voilà le père, tu sauras tout bientôt.

SCÈNE V

LES MÊMES, TANGOEL.

TOUS *au fond*.

Bonjour, père Tangoël.

TANGOEL.

Eh bien! les enfants, s'amuse-t-on tout son soûl? Ça va-t-il comme vous voulez?

TOUS.

Oui, oui!

TANGOEL.

Ah! dame! faut en prendre; car l'automne passé, il n'y aura plus d'occasion avant les beaux jours de l'année prochaine.

UN GARÇON.

C'est-y à dire que c'est la dernière fête de l'année?

YVONNE.

Dame! à bien compter, oui, hélas!

TANGOEL.

Je dis pas ça.

YVONNE.

Cependant!

1.

TANGOEL, *fin.*

Peut-être bien qu'il y en aura une qui arrivera plus tôt qu'on ne croit.

PLUSIEURS.

Ah !... Quoi donc ? (*Sylvaine reparaît au fond.*)

TANGOEL, *apercevant sa fille.*

Je ne dis rien encore ; ça se saura quand il faudra, patience.

YVONNE, *au Garçon.*

Y a quelque accordaille sous jeu, tiens.

LE GARÇON.

Ça se pourrait tout de même.

YVONNE.

La Sylvaine et Germain peut-être.

LE GARÇON, *doutant.*

J'en jurerais pas !

TANGOEL.

Eh ben, Sylvaine, t'as l'air tout songeur, là-bas. Approche donc. Tu ne vois pas qu'on est là, avec la parenté.

SYLVAINE.

C'est vrai, mon père : voilà mon oncle, tous les cousins, ma foi ! Qu'est-ce qu'il y a donc ?

TANGOEL.

T'en n'ignoreras pas longtemps, j'attends des amis pour t'en causer. Mais n'aie pas de crainte, ça n'est pas pour te faire de la peine, au contraire. Et de ce moment-là, vois-tu bien, tu verras tout en couleur de rose.

SYLVAINE, *un peu contrainte.*

C'est-il donc que vous dites l'avenir, à cette heure ?

TANGOEL.

Ça t'étonne. Pourquoi pas ?

LA FAUCHEUX.

Ton père s'amuse, Sylvaine. Il ne le sait pas l'avenir ; il ne peut pas le dire.

TANGOEL.

C'est-il que tu le sais toi, la mère ?

LA FAUCHEUX.

Peut-être bien! Quand on sait beaucoup du passé, on voit que tout à peu près se ressemble, et ce n'est plus si malaisé de prévoir ce qui doit arriver demain.

TANGOEL.

Eh bien! dis-le-nous voir. Je te donnerai...

LA FAUCHEUX.

Toi et les tiens, vous m'avez assez donné, père Tangoel, je veux vous rendre. Écoutez.

PLUSIEURS, *les uns aux autres*

Écoute-la. (*On se groupe autour d'elle. — Durant ce temps on illumine çà et là.*)

LA FAUCHEUX.

Dans les temps que ma grand'mère, à moi, était petite, il y avait là-haut dans les rochers, le château d'un seigneur-baron. C'était à lui toute la contrée, et comme il était pas trop méchant, on l'aimait bien, aux alentours. Ça, c'était rare, en ces temps-là; y avait guère de seigneurs qu'on n'eût plutôt pendus qu'adorés; aussi, on disait du nôtre, que le ciel l'avait comblé! Par surcroît, il avait une fille qui était la plus belle du monde, et qui était bonne, à proportion. Elle le soignait, elle l'embrassait, que sa vie, à lui, était comme un commencement de paradis. Mais faut croire que le diable est jaloux du bonheur des gens. Il lui mit tout à coup dans l'idée de marier sa fille à un autre seigneur qu'elle ne connaissait pas et qui avait couru toute sa jeunesse on ne sait où, à batailler, à faire bombance avec d'autres garnements, et si loin, si loin, qu'à ce qu'il parait, dans ces contrées-là ils ne connaissent même pas notre bon Dieu. (*Au mot Dieu tous les hommes soulèvent leurs chapeaux.*)

SYLVAINE.

Alors?

LA FAUCHEUX.

La fille, ça ne lui allait guère. Elle pleurait d'abord, elle priait son père de la laisser tranquille. Mais le diable y était, et le père ne bronchait pas. Elle voulut résister, à la fin, et dame! le père...

TANGOEL.

Le père?...

LA FAUCHEUX.

Le père disait : Je suis le maître, tu l'épouseras...

LES JEUNES FILLES, *attristées.*

Ah!

TANGOEL.

Il avait raison.

LA FAUCHEUX.

Avait-il bien raison? Avait-il raison aussi de supposer que si sa fille résistait tant, c'était à cause de quelque amourette ?

TANGOEL.

Fallait le savoir!

LA FAUCHEUX.

Non, car s'il l'avait su, il aurait tué sa fille.

TANGOEL.

Et il aurait bien fait!

TOUS.

Ah!

TANGOEL.

Je vous dis, moi, qu'il aurait bien fait.

SYLVAINE.

Vous le feriez donc, vous, mon père ?

TANGOEL.

Si jamais... Il ne s'agit pas de moi!

LA FAUCHEUX, *à part.*

Pauvre Sylvaine !

TANGOEL.

Achève ton histoire !

LA FAUCHEUX.

Elle n'est plus longue : la fille épousa le gars, et mourut jeune...

TANGOEL.

Et puis?

LA FAUCHEUX.

Et puis le temps passa. Le père vieillit... tout seul?...

On le voyait errer... parfois... tout seul!... Et il mourut...
enfin.

TOUS.

Tout seul! (*Léger silence.*)

TANGOEL, *se secouant.*

Bah! c'est des bêtises! (*Frappant sur la table.*) A
boire!... J'attends des amis.

LES HOMMES.

A boire!

SCÈNE VI

Les Mêmes, GERVAIS, *et une troupe de marins enru-*
banés. (*Chant extérieur.*)

UN GARÇON.

Dis donc, Pongo, viens voir, viens voir, en voilà des
autres.

TANGOEL.

C'est eux!... Eh! arrive donc, Gervais.

LES UNS.

Tiens, Gervais!

LES AUTRES.

Ah! Gervais!

LE GARÇON.

Te voilà donc revenu?

GERVAIS.

Et de loin! ah! j'en ai vu des pays! Bonjour... bonjour...
Ah! bonjour, père Tangoël.

TANGOEL.

Viens, viens. Tiens bois un coup, garçon. Attends d'a-
bord : voilà Sylvaine.

GERVAIS.

Je ne t'aurais pas reconnue. Dieu, que t'es fringante, à
cette heure!

SYLVAINE.

Bonjour, Gervais. T'es pas changé, toi.

GERVAIS.

Tu trouves?

TANGOEL.

Sylvaine, entre là-dedans, assez de cidre et de poiré ; dis qu'on nous serve du vin.

SYLVAINE.

J'y vas, mon père. (*Elle sort.*)

TOUS.

C'est ça, du vin, qu'on trinque au retour de Gervais. (*Tangoël remonte à l'écart.*)

PÉRIK, *qui après avoir disparu précédemment, est rentré en scène depuis un moment.*

Gervais? Il est là. (*Approchant.*) C'est vrai, ma foi! Te voilà.

GERVAIS.

Eh ! oui, me voilà, et pour rester.

PÉRIK.

Ah! ben ! ça va recommencer, le tremblement. Gare aux filles !

GERVAIS, *riant.*

Allons, mauvaise langue!

PÉRIK.

Ah! les cabarets vont faire fortune !

GERVAIS.

Veux-tu te taire !

PÉRIK.

Ouiche! comme dit la grand'mère.

GERVAIS.

Non, mon vieux, c'est plus ça. Faut se ranger à cette heure.

PÉRIK.

Toi?

GERVAIS.

Eh oui !

PÉRIK.

Va, n'essaye pas; tu pourras jamais.

GERVAIS, *riant.*

Flatteur !

PÉRIK.

Non, vois-tu, c'est dans ton sang, la noce, la dispute et
la bataille. Te souviens-tu? les soupers et les tripotées dans
le port... et les défilades avec les gendarmes à tes trousses!

GERVAIS.

Tais-toi donc!

PÉRIK.

Et ton duel avec le douanier! Ce pauvre diable de douanier. Je ne les aime pas, en général ; ils me taquinent pour
mon état; mais celui-là... s'être fait embrocher pour un
mot, et quel mot! y avait pas de quoi fouetter un chat
seulement, aussi a fallu s'embarquer.

GERVAIS.

C'est passé tout ça.

PÉRIK.

Oui. Quand que ça recommence?

GERVAIS.

Non, vois-tu, c'est gentil, quand on n'a rien vu ; mais
après quatre ans qu'on a voyagé dans tous les pays, qu'on
a vu des bayadères de toutes les couleurs, qu'on s'est cogné
du couteau, du sabre, de la trique et du fusil, avec tous
les mauvais gars des quatre parties du monde, dans des
bouges effroyables, la noce n'a plus de charme au pays.

PÉRIK.

Ta parole!

GERVAIS.

Et non.

PÉRIK.

T'en es soûl, alors? Si tu y renonces, toi, faut qu'elle te
sorte par les yeux!

GERVAIS.

Peut-être ben ; mais ici, non ; maintenant, l'ami, je vas
me marier.

PÉRIK.

Toi? ah! la pauvre créature !

GERVAIS.

Hein ?

PÉRIK.

Tu lui en veux donc bien ?

GERVAIS.

Je te dis...

PÉRIK.

Ah ! non, vois-tu, t'es beau ! là, vrai, t'es beau !

SYLVAINE, *rentrant.*

Voilà le vin. (*Des garçons en apportent.*)

TANGOEL, *descendant.*

A la bonne heure ! (*Germain apparaît et descend la scène.*)

GERVAIS, *à Périk.*

Approche, qu'on trinque.

TANGOEL.

Versez. Où vas-tu, Sylvaine ? viens là, et bois aussi.

TOUS,

A la santé de Gervais !

TANGOEL.

Maintenant, écoutez, toi surtout, Sylvaine ; écoute bien ce que je vais dire devant nos parents.

SYLVAINE, *inquiète.*

Mon Dieu !

TANGOEL.

A la Saint-Jean dernière, le père Gervais, qui est mon plus vieux ami, est venu me trouver. Ça n'allait pas bien pour lui, cet homme-là malgré qu'il n'ait rien à se reprocher. Les gelées tardives d'un côté, ses pêcheries de l'autre, deux barques jetées à la côte. Bref, ça n'allait pas bien pour lui. Je pouvais rien lui donner, il en aurait pas voulu ; il est fier. Alors, j'y ai dit : Y a qu'un moyen : que ma fille épouse ton garçon.

GERMAIN, *à part.*

Ah !

PÉRIK, *à part.*

A lui, la Sylvaine!...   *Léger silence.*)

TANGOEL.

Tu as entendu, ma fille?

SYLVAINE.

J'ai entendu; oui.

TANGOEL.

Qu'est-ce que t'as donc?

SYLVAINE.

Rien.

TANGOEL.

T'es toute blanche.

SYLVAINE.

Dame! vous me dites ça tout à coup.

TANGOEL.

Eh bien?

SYLVAINE.

Faut y songer.

TANGOEL.

C'est juste. T'as jusqu'à demain. Ce soir, c'est pas le moment. Le moment c'est de trinquer une dernière fois, et de faire ses apprêts pour le retour à la maison. Pas vrai, Gervais? Pas vrai, la parentée?

TOUS.

Oui, oui.

TANGOEL.

Allons! on va brider les carrioles, allumer les lanternes, et en route. T'en viens-tu avec moi, Sylvaine?

SYLVAINE.

Non, mon père, non.

TANGOEL.

Ah bon, tu reviendras avec les autres en chantant par la lande; à moins que... (*Il regarde malignement sa fille et Gervais.*) Enfin, à ton gré, Sylvaine. (*Les uns entrent dans l'auberge, les autres remontent, se groupent et s'en vont par le fond.*)

SCÈNE VII

SYLVAINE, GERMAIN.

SYLVAINE.

Germain, tu as entendu ce qu'a dit le père?

GERMAIN.

Oui.

SYLVAINE.

Eh bien? Tu ne dis rien?

GERMAIN.

J'ai la tête en feu. Ah! j'étais trop heureux. Mes souffrances passées étaient oubliées, toutes les douleurs de mon enfance, tout le dur travail qu'il m'a fallu faire pour me créer une position, tout était effacé. Je me croyais sauvé de la malchance et de la tristesse. Tu m'avais souri; tu avais laissé tomber ta main dans la mienne, et puis... Non! c'est trop! Tiens, j'ai envie de me tuer.

SYLVAINE.

Te tuer?... ah! s'il ne te vient que ces idées-là en tête, nous sommes perdus, c'est vrai!

GERMAIN.

Mais...

SYLVAINE.

Voyons! y a-t-il pas toujours de l'espoir quand une chose n'est pas arrivée?

GERMAIN.

Que faire?

SYLVAINE.

Est-ce que je sais, moi?

GERMAIN.

Sois-en sûre, va; il n'y a rien à faire.

SYLVAINE.

Si tu ne vois rien, avant d'avoir cherché, c'est que tu ne m'aimes pas.

GERMAIN.

Je ne t'aime pas! Tu sais bien que toute ma vie n'a eu

que ça pour but. Enfant, ta compagnie seule me plaisait;
adolescent, si la ville avait des ennuis pour moi, si les leçons
me semblaient arides, c'est parce qu'elles me tenaient éloi-
gné de toi. Ah! tiens, tu es pas juste.

SYLVAINE.

Je te crois, Germain. Mais si tu m'aimes, je t'ai donné la
plus grande preuve que je t'aime aussi, moi. Et à c't' heure,
tu ne peux pas accepter l'idée que j'en épouse un autre.
C'est pas possible, ça. Voyons, faut faire quelque chose.

GERMAIN.

J'irai voir ton père, je me jetterai à ses pieds.

SYLVAINE.

Il ne t'entendra pas !

GERMAIN.

Si, tu verras! je le supplierai tant! Je lui dirai notre ami-
tié d'enfance! nos premiers serments, je lui dirai, s'il le faut,
que...

SYLVAINE.

Tais-toi... s'il se doutait jamais...

GERMAIN.

Ah !

SYLVAINE.

Il me tuerait

GERMAIN.

Hein ?

SYLVAINE.

Ah! Tu ne le connais pas, mon père!... Malgré qu'autour
de lui on ait bien changé de manière de vivre, et que ni le
pays ni les gens ne ressemblent guère à ce que c'était au-
trefois, mon père a gardé l'idée des anciens bretons, des
vieux chouans, où le chef de la famille était comme un roi, à
la maison, gardien de l'honneur des autres, le maître en
tout du sort de chacun, et se croyant le droit de vie et de
mort sur les enfants. Ah! s'il apprenait la vérité... ça ne
serait pas long, va... Je me vois déjà contre le mur, devant
les deux canons de son fusil...

GERMAIN.

Sylvaine...

SYLVAINE.

Ça serait peut-être le mieux, après tout.

GERMAIN.

Ah! ne dis pas ça.

SYLVAINE.

Préférerais-tu me voir au bras de Gervais?

GERMAIN.

Je ne veux pas te voir morte.

SYLVAINE.

Ah ben! moi, ma façon d'aimer ne ressemble guère à la tienne. J'aimerais mieux te tuer moi-même, que de te voir au bras d'une autre. Je ne suis qu'une femme pourtant, mais si l'on voulait te prendre à moi, je sacrifierais tout, non-seulement mon existence dans ce monde et dans l'autre, mais encore celle de tous ceux qui se mettraient entre toi et moi.

GERMAIN.

Tu blasphèmes, sois plus calme.

SYLVAINE.

Tu l'es pour nous deux, toi, Germain!

GERMAIN.

Tu m'empêches d'aller à ton père. Que veux-tu que je fasse?

SYLVAINE.

C'est-il donc à moi à te le dire? Je ne sais pas, moi; mais il me semble que si j'étais un homme et qu'un autre vînt pour me prendre celle que j'aime, il me faudrait avoir sa vie ou qu'il eût la mienne.

GERMAIN.

C'est ça que tu veux, Sylvaine?

SYLVAINE.

Moi, je veux tout, pourvu qu'on ne nous sépare pas.

GERMAIN.

Bon, c'est dit. (*Il se rapproche de l'hôtellerie.*)

SYLVAINE.

Où vas-tu?

GERMAIN.

Il est encore là, je vais lui parler, et demain matin...

SYLVAINE.

Allons donc!

GERMAIN.

Ne crains rien, Sylvaine; moi vivant, tu ne seras pas la femme de Gervais. (*Il sort.*)

SCÈNE VIII

SYLVAINE, *seule.*

Oui, demain matin, il nous défendra, il le tuera... Il le tuera? Ah! mon Dieu! mais si c'était le contraire? Ce Gervais est un garnement qui a fait les cent coups, qui est fait aux querelles et aux batteries. Dans tous ses duels, il a été le plus fort. Dernièrement encore il a tué le douanier... Ah! je suis folle, moi; qu'est-ce que j'ai fait là! Il va me tuer mon Germain? Ah! mais non! ça ne se peut pas; je ne le veux pas! Faut empêcher ça. Je vas parler à Gervais; je lui dirai... qu'est-ce que je lui dirai?... N'importe! ça ne se fera pas! J'y vas. (*Bruit de voix intérieurs.*)

VOIX.

Allons, en route! (*On entend le bruit des voitures qui s'éloignent, des grelots, des : hue-oh! dia! le claquement des fouets, que le murmure des voix couvre bientôt.*)

SYLVAINE.

C'est mon père et les parents qui partent.

PONGO.

Par ici, nous autres.

SYLVAINE.

Les garçons qui s'en reviennent à pied par la lande. Faut pas qu'ils me voient. (*Elle se met à l'écart et se dissimule dans l'ombre, près du bosquet.*)

SCÈNE IX

SYLVAINE, GERMAIN, *et* UN GROUPE DE JEUNES GENS, *puis* GERVAIS, *et* UN AUTRE GROUPE PLUS NOMBREUX.

PONGO.

Venez, venez, monsieur le maître ; nous vous ferons la conduite. Qu'est-ce qui vous a pris donc ce soir ?

GERMAIN.

Rien ; je n'aime pas les bravaches, voilà tout. (*Ils s'éloignent, pendant que Germain cherche du regard.*)

PONGO, *à son camarade.*

L'as-tu vu, hein ?

L'AUTRE.

Je me serais pas attendu à ça de sa part.

GERMAIN, *à lui-même.*

Elle est partie. Pauvre Sylvaine ! Si ça tourne mal... j'aurais pourtant bien voulu la voir.

LES JEUNES GENS.

Eh ben, maître Germain ?

GERMAIN.

Me voilà. En route.

LES JEUNES GENS.

En route ! (*Ils s'en vont par le fond, pendant que Gervais et d'autres Jeunes Gens sortent de l'auberge.*)

LES JEUNES GENS.

Viens-tu, Gervais ?

GERVAIS.

Je vous suis ! Où diable est mon chapeau ?

AUTRE.

Te v'là une affaire sur les bras.

GERVAIS.

Bah ! ça me connaît !... Je l'ai laissé là-bas, mon chapeau

AUTRE.

Alors, prenons la traverse et tâchons de rattraper les filles.

AUTRE.

Les voilà là-bas, à l'entrée du chemin creux; on voit la lueur de leurs lanternes... Viens-tu?

GERVAIS, *près du bosquet et prenant son chapeau.*
M'y v'là.

SYLVAINE, *bas.*

Gervais!

GERVAIS.

Qui est là?

SYLVAINE.

Sylvaine.

GERVAIS.

Toi!

SYLVAINE.
Arrête un peu; j'ai à te parler.

L'AUTRE.

Eh ben, Gervais?

GERVAIS.

Allez devant, je vous rejoins. Je peux pas mettre la main sur mon chapeau. Allez, allez, je vous rattrape. (*Ils sortent.*)

SCÈNE X

GERVAIS, SYLVAINE.

GERVAIS.

Tu m'attendais. Approche. Viens... Ils sont partis et y a plus personne à l'auberge, excepté cet ivrogne de Périk qui a coulé sous la table. En a-t-il bu, bon Dieu, en a-t-il bu!

SYLVAINE.
Et toi, Gervais, est-ce que tu as aussi beaucoup bu?

GERVAIS.
Ah! moi, je peux boire, ça ne me fait rien.

SYLVAINE.

Alors, écoute. T'as pas laissé une bonne réputation au pays ; mais on dit que, tout de même, tu es franc et généreux.

GERVAIS.

Qu'est-ce que tu veux dire ?

SYLVAINE.

Je veux dire que, malgré la parole de mon père, tu n'es pas un homme à vouloir ce que je ne voudrais pas, pas vrai ?

GERVAIS.

Et quoi donc que tu ne voudrais pas, Sylvaine ?

SYLVAINE.

Je voudrais pas être ta femme.

GERVAIS.

A cause ?

SYLVAINE.

A cause que je me suis habituée à vouloir être la femme d'un homme que j'aimerais au-dessus des autres.

GERVAIS.

Je suis pas si bête de m'imaginer que tu peux avoir tout de suite de l'amour pour moi ; voilà quatre ans que je tire des bordées sous les tropiques, et puis tout à coup on te dit : Le v'la, faut le prendre. Tu serais trop facile, aussi. Non, je comprends, faut du temps. Mais épouse-moi toujours, ça viendra.

SYLVAINE.

Faut être franche, Gervais, ça ne viendra pas.

GERVAIS.

Hein ?

SYLVAINE.

Jamais, vois-tu bien ? Voilà la vérité. Jamais.

GERVAIS, *s'asseyant sur la table.*

Ainsi, tu m'attendais pour me faire ce compliment-là.

SYLVAINE.

Ne regarde pas au déplaisir, Gervais, crois qu'il m'en

coûte pour te dire ça ; mais tu dois m'en savoir gré, plutôt,
et voir par là que je ne suis pas pour te tromper. Ainsi
donc, quand je te dis jamais ..

GERVAIS, *se levant et faisant le tour de la table.*

Bah ! faut jurer de rien, la belle. Et pour te montrer que
je n'ai pas de rancune, je te fais le pari que tu en reviendras. Non, ne dis rien. Je sais ce que c'est : des idées de
fille ; ça dure comme le beau temps, ça. Non, je te dis, je ne
m'en tiens pas là. D'ailleurs, moi, voilà mon naturel ; j'aime
a difficulté !

SYLVAINE.

Ne badines pas, Gervais. J'ai le cœur gros, et ce n'est
pas par caprice ou coquetterie que j agis. Je ne t'aimerai
pas, je ne pourrai pas.

GERVAIS.

Ah ça !...

SYLVAINE.

N'en demande pas plus.

GERVAIS.

Ah! excuse. Je ne suis pas un enfant. Faut que tu aies
une raison.

SYLVAINE.

J'ai la raison que personne m'avait jamais parlé de toi
pour mari, et que, dam...

GERVAIS.

T'en as choisi un autre, peut-être bien.

SYLVAINE.

Eh bien! oui, c'est vrai, s'il faut te le dire.

GERVAIS.

Qui ça?

SYLVAINE.

Qu'est-ce que ça te fait?

GERVAIS.

Je veux le connaître ; quand ce ne serait que pour me
comparer à lui et voir comment il faut être pour te plaire.

SYLVAINE.

Tu n'as pas besoin de le savoir.

2

GERVAIS.

Et si je le savais?

SYLVAINE.

Toi?

GERVAIS.

Jure de ne pas mentir. C'est Germain, le maître d'école, pas vrai?

SYLVAINE, *avec hésitation.*

Eh bien! oui, c'est lui.

GERVAIS.

C'est donc ça!... Je me demandais aussi pourquoi qu'il est venu tout à l'heure me chercher une querelle d'Allemand.

SYLVAINE.

Ah! il est venu?...

GERVAIS.

Là, pendant qu'on trinquait.

SYLVAINE, *anxieuse.*

Eh! alors?

GERVAIS.

Alors me voilà rassuré. C'est ça, mon rival? On tâchera de te faire oublier.

SYLVAINE.

Me le faire oublier? tu es donc sourd, ou pris de boissons... Je te dis que je l'aime!

GERVAIS.

Bah! des amourettes, des serments, des bêtises!

SYLVAINE.

Mais tu ne comprends donc pas que je mourrais plutôt que d'être à un autre.

GERVAIS.

Bah! des phrases, ça ne me touche pas.

SYLVAINE.

Ça te touchera-t-il quand je te dirai tout, quand je te dirai que je me suis donnée à lui?

GERVAIS.

Hein? (*Puis railleur.*) Ah! finaude! Je vois ton jeu.

Tu me dis tout ça pour m'effrayer, pour me faire quitter la
partie.

SYLVAINE.

Tu ne me crois pas?

GERVAIS.

Non! Je ne te crois pas, et la preuve tiens, c'est que je
vais t'embrasser. (*Il lui saisit le bras.*)

SYLVAINE.

Prends garde, Gervais!

GERVAIS.

Ah! Je te tiens. Allons, Sylvaine.

SYLVAINE.

C'est lâche ce que tu fais là. Je te dis que j'appartiens à
Germain ; que j'ai juré d'être sa femme.

GERVAIS.

Eh bien! moi, je jure de le tuer avant qu'il ne t'épouse.

SYLVAINE.

Ah! le tuer!... Je te répète que je l'aime.

GERVAIS.

Allons! laissons tout ça... embrasse-moi !

SYLVAINE, *menaçante.*

Gervais, va-t'en.

GERVAIS, *l'attirant.*

Embrasse alors... (*Elle saisit un couteau et le lui
enfonce dans la poitrine.*)

SYLVAINE.

Tiens.

GERVAIS.

Ah! (*Haut.*) Ah! faut que tu l'aimes, allons! (*Il pousse
un soupir et tombe.*) Ah! c'est mourir trop tôt... Je ne
veux pas mourir... Je ne veux pas... (*Il tombe, nuit com-
plète. Léger silence. — Au fond on aperçoit des lueurs
dans le chemin creux, et l'on entend des voix très-éloi-
gnées qui reprennent le chœur :* Frappons le pied, etc.)

SYLVAINE, *se penchant sur Gervais. (Tout ceci jusqu'au baisser du rideau est en pantomime.)*

Mort? Il est mort! qu'est-ce que j'ai fait!... C'est horrible! Que va-t-il arriver? Ah! ce couteau. (*Elle va au puits et y jette le couteau.*) Mes mains tachées de sang... (*Elle les essuie à son mouchoir et jette le mouchoir dans le puits; le mouchoir reste accroché au bord de la margelle. Puis elle essaye de revenir à Gervais. Au milieu du parcours, elle se voile le visage, regarde, jette un cri et se sauve, et le rideau tombe pendant qu'on entend encore le chant qui s'éloigne davantage.*)

FIN DU PREMIER ACTE.

ACTE DEUXIÈME

Chez Germain l'instituteur. — Une sorte de grange ouverte, au-dessus d'un mur d'appui. Large entrée au fond. Les bâtis qui soutiennent ce toit sont envahis par des plantes grimpantes. Au delà on aperçoit la rue du village et la campagne. A droite, le mur est plein et percé d'une porte. A gauche est la classe dans laquelle on pénètre par un escalier de cinq ou six marches en pierre. Dans les coins divers instruments d'agriculture et d'étude, bancs et siéges, une table. Aspect rustique, mais coquet. Un bahut, quenouilles chargées de filasse, dévidoirs, rouets, etc.

SCÈNE PREMIÈRE

SYLVAINE, YVONNNE.

(Au lever du rideau, l'Angélus sonne gaiement au clocher du village, et on entend des voix d'enfants dans la pièce voisine. Sylvaine et Yvonne, occupées au ménage, disposent, alertes et vives, le couvert sur la table que recouvre du linge écru, mais propre et soigné.)

SYLVAINE.

Vitement, vitement, Yvonne, voilà l'Angélus qui sonne, la classe est finie, maître Germain doit avoir grand appétit.

YVONNE, *mettant le couvert.*

M'y voilà, not' dame. La soupe est faite, il n'y a plus qu'à la tremper.

SYLVAINE.

Bon.

YVONNE.

J'y vas-t-il? non. Faut attendre que la marmaille déguerpisse. (*S'appuyant à la table.*) Voilà mon couvert mis, c'est-il à votre idée, not' dame?

SYLVAINE.

C'est bien comme ça, oui... (*Elle tire son rouet.*)

YVONNE, *s'asseyant.*

Ah! que c'est bon d'être là, au grand air du printemps qui commence. J'ai peut-être bien de l'ambition, madame

2.

Sylvaine, mais quand je pense à vous, que je vois tout ça, qui va si gentiment, je me dis à mon à part : Je ne souhaite pas d'être autrement que vous êtes ; ben mariée, ben tranquille et pas un moment à laisser prendre au diable !

SYLVAINE.

T'as le temps d'y songer, toi.

YVONNE.

Il est jamais trop tôt pour bien faire, et au premier gars qui se sent tenté de m'épouser, je dis oui, et on verra bien qui des deux s'en mordra les doigts le premier.

SYLVAINE.

Si t'es sage, s'il est bon sujet et que tu l'aimes, ça ne sera ni lui ni toi, Yvonne. (*La Faucheux entre.*)

YVONNE.

C'est donc vrai qu'on peut être heureuse en ce monde?

SYLVAINE.

Oui, c'est vrai qu'on peut l'être, mais... mais avant tout, faut une chose, vois-tu.

YVONNE.

Quoi donc ?

SYLVAINE.

Faut le vouloir...

SCÈNE II

Les Mêmes, LA GRAND'FAUCHEUX,

LA FAUCHEUX, *qui est là depuis un moment.*

Et avoir la conscience tranquille, pas vrai, Sylvaine?

SYLVAINE, *troublée.*

Qu'est-ce que vous venez faire là donc, vous ?

LA FAUCHEUX:

Je viens me frotter au bonheur des autres. Je viens voir ça : tiens ! que c'est réjouissant ! (*Elle lui montre la sortie des classes, en allant faire ranger les Enfants.*)

YVONNE, *aux Enfants.*

Taisez-vous, v'la le maître.

SCÈNE III

LES MÊMES, DES ENFANTS DES DEUX SEXES ET DE DIFFÉ-
RENTS AGES, *puis* GERMAIN.

*(Les Enfants se précipitent par la porte de gauche,
ils font irruption par l'escalier, en se poussant,
en riant, en jetant leurs bonnets en l'air; quelques-
uns tombent et sont ramassés par Yvonne, qui les
force à se mettre en rang ; d'autres, entrelacés, se
laissent glisser sur la rampe de l'escalier. Ils ont des
paniers, des livres et des cahiers qui pendent en bandoulière par une ficelle. Il y en a de gracieux, de
comiques, de graves. Tous ont la mine réjouie et
bien portante. Ils ne crient pas encore, mais leurs
chuchotements, leurs rires étouffés, produisent un
murmure confus.*

LA FAUCHEUX, *les montrant à Sylvaine.*

Regarde-les donc tous ces innocents, que c'est frais, que
c'est aimable et vivace! C'est comme ça que t'as été, vois-
les tous ces marmots bénis! Et quoi que ça deviendra un
jour? C'est-il pas malheureux, hein? la Sylvaine, d'être
obligé de penser que, dans le nombre de ces cadets-là y en
a plus d'un et plus d'une qui tourneront mal? Lesquels,
hein! Si on les connaissait! C'est-y cette blonde-là qui fera
un malheur à ses proches? C'est-y cet amour de bambin-là
qui ira en prison comme mon petit-fils Périk?... (*Germain
paraît, il embrasse Sylvaine.*)

GERMAIN.

On est en ordre, bon! en marche. (*A Sylvaine.*) Je les
conduis au presbytère et je reviens.

SYLVAINE, *heureuse.*

C'est ça, reviens vite, Germain.

GERMAIN, *à la suite des Enfants.*

Allons, en route...

SCÈNE IV

LA GRAND'FAUCHEUX, SYLVAINE.

LA FAUCHEUX.

Comme il t'aime !

SYLVAINE, *s'assied à son rouet.*

S'il m'aime, il fait bien, parce que je le lui rends ferme.

LA FAUCHEUX.

Comme tu dis ça ?

SYLVAINE, *s'observant.*

Je le dis comme il faut, je le dis comme je le pense, et puis je sens que c'est vrai, après tout : faudrait être bien abandonnée du ciel pour avoir des raisons de douter de l'amour d'un homme qu'on a choisi entre tous, et à qui on s'est mariée depuis cinq mois à peine.

LA FAUCHEUX.

Cinq mois !

SYLVAINE.

Il y a eu cinq mois, hier.

LA FAUCHEUX.

En ce cas là, il y a eu cinq mois que mon pauvre Périk a été emmené par les gendarmes sous le coup de l'accusation de meurtre de Gervais.

SYLVAINE, *troublée, mais ferme.*

Ah !

LA FAUCHEUX, *près de Sylvaine.*

Tu t'en souviens bien ? On l'a pris au moment qu'il se rendait à ton bal de noces.

SYLVAINE.

Je ne l'ai su qu'après.

LA FAUCHEUX.

On a dû le juger hier à Vannes ce pauvre gars.

SYLVAINE, *se levant.*

Hier ; ah !... Eh ?

LA FAUCHEUX, *prend la place de Sylvaine.*

C'est tout le bout du monde si on en a des nouvelles tantôt. C'est pas ici Vannes; faut le temps d'en venir. Qu'est-ce que t'en penses, toi, la Sylvaine? (*S'asseyant.*)

SYLVAINE, *occupée au ménage.*

Dam!...

LA FAUCHEUX.

Est-ce que tu peux croire que c'est lui qui a fait le coup, hein?

SYLVAINE.

Qu'est-ce que j'en peux savoir, moi?...

LA FAUCHEUX.

Ah! je dis pas, mais enfin, je dis : à ton idée, quoi!

SYLVAINE.

Je n'ai pas d'idée sur cette chose-là.

LA FAUCHEUX.

Ça se peut ben! Mais moi, vois-tu, Sylvaine, je dis que c'est pas lui...

SYLVAINE.

Vous êtes sa grand'mère et dam...

LA FAUCHEUX, *descendant.*

C'est pas pour ça, c'est à cause que je le connais à fond, mon Dieu! C'est pas le Pérou que mon fieu. Il a fait plus d'un tour. Il vit de rapine et de contrebande avec des gueux et des folles filles; s'il n'a pas la mort d'un douanier ou deux sur le cœur, c'est que le ciel ne l'a pas voulu, ou que sa carabine a raté au bon moment. Va, je le connais, il est capable de bien des choses, mais il est pas menteur. Il m'a jamais rien caché; eh bien, quand je lui ai demandé : C'est-y toi qui as tué Gervais?...

SYLVAINE, *descendant.*

Vous lui avez demandé?

LA FAUCHEUX.

Deux fois avant de partir et une fois dans la prison.

SYLVAINE.

Eh bien?

LA FAUCHEUX.

Il m'a toujours dit : — « Qu'est-ce que j'y aurais gagné? Je vous en jure, grand'mère, c'est pas moi. »

SYLVAINE, *troublée*.

S'il ne fallait qu'y avoir gagné...

LA FAUCHEUX.

T'as raison, ça ne prouve pas, car enfin, s'il ne fallait qu'y avoir gagné... comme tu dis, c'est plutôt ici qu'il faudrait chercher le coupable.

SYLVAINE.

Ici? qu'est-ce que vous dites là, donc, vous?

LA FAUCHEUX.

Dam! sans cet événement-là tu ne serais pas la femme à Germain.

SYLVAINE, *avec feu.*

Germain?... On sait bien que Germain n'est ni de force ni d'idée à faire une chose comme ça. (*Elle remonte derrière la table.*)

LA FAUCHEUX.

C'est bien ça qui le met à l'abri du soupçon; mais ça ne fait rien, vois-tu, c'est tout de même pas Périk, et s'il faut que malgré ça il en porte la peine...

SYVAINE, *à part.*

Mon Dieu!

LA FAUCHEUX.

Ce pauvre gars, dis donc, hein? Le vois-tu là?... les mains liées arrivant sur la place... Pendant que l'autre, libre, heureux peut-être... c'est dur à penser ça : pas vrai, Sylvaine?

SYLVAINE, *redescend et s'assied à droite près du rouet.*

Oui, c'est bien dur.

LA FAUCHEUX.

Il ne t'a jamais fait de mal... c'est égal, pour lui, pour nous, pour tout le monde, faut souhaiter qu'il s'en tire, pas vrai? Au revoir, ne te dérange pas, va, à revoir. (*Elle sort. Musique.*)

SCÈNE V

SYLVAINE, *seule. (Elle tombe sur une chaise, suffo-*
quée, haletante.)

SYLVAINE.

Faut souhaiter qu'il s'en tire?... Ah! Dieu ! *(Elle reste*
absorbée.)

SCÈNE VI

SYLVAINE, GERMAIN.

(Germain rentre, il l'aperçoit et vient l'embrasser.)
SYLVAINE, *poussant un cri aigu et s'éloignant avec*
épouvante.

Ah!

GERMAIN.

Qu'est-ce que tu as donc?... *(Elle le regarde avec les*
yeux hagards.) Sylvaine, c'est moi : Germain, voyons...
SYLVAINE, *suffoquée mais revenant à elle.*

Oui... oui...

GERMAIN.

Que t'a-t-il pris?

SYLVAINE.

Je ne sais pas, j'ai senti sur mon cou l'horrible froid de
l'acier...

GERMAIN, *frappé.*

Sur ton cou... c'est curieux.

SYLVAINE.

Quoi donc?

GERMAIN.

Il y a des idées qui sont comme dans l'air et qu'on respire,
on dirait...

SYLVAINE, *redescendant.*

Comment ça?

GERMAIN.

Tout à l'heure, en quittant le presbytère, j'ai appris que
Périk a dû passer en jugement hier. Et m'en revenant après
cela, je songeai à lui, à ce qui peut lui arriver si... et un

frisson m'a parcouru tout le long du corps, comme à toi...
Est-ce qu'on t'a aussi parlé de Périk.

SYLVAINE, *troublée et se raidissant.*

A moi? non... Pourquoi qu'on m'en aurait parlé?

GERMAIN.

Alors, je disais bien, c'est dans l'air, ça n'annonce rien
de bon pour ce malheureux-là.

SYLVAINE.

Oh! ne crois pas ça.

GERMAIN, *s'asseyant à gauche.*

Si, vois-tu, tout a une raison dans ce monde, et il y a
tant de choses qu'on ne connaît pas! Tu n'as pas remarqué
qu'on a comme ça des pressentiments?

SYLVAINE, *s'efforçant.*

Des pressentiments? Eh! non, tiens, tiens, c'est la chaîne
de ta montre qui m'a frôlé le cou, voilà; voilà tout, que
nous sommes simples d'aller chercher si loin! Ah! mon
Dieu! pour une chose comme ça, on s'émotionne, on a des
peurs. D'ailleurs, il n'y a qu'à raisonner, ne pense plus à
cela, Germain, je t'en prie, ça te fait du mal.

GERMAIN.

Ah! non.

SYLVAINE, *approchant derrière Germain.*

Je le vois bien. Tu restes là... tout enfoui dans tes idées
noires, chasse-les vite pour me faire plaisir.

GERMAIN, *l'embrassant.*

Ça m'est facile... seulement...

SYLVAINE, *près de la table.*

N'en parle plus! Tiens, le couvert est mis, Yvonne va
servir le dîner. Ah! l'étourdie, elle a oublié la grande cuil-
lière. Attends, je vais arranger ça, comme tu aimes à le voir.
Cette fille, elle fait de son mieux, il n'y a rien à lui répro-
cher, mais elle ne sait pas tes goûts, les petits détails qui te
plaisent. Ah! vois-tu, pour être servi et bien choyé, il n'y a
jamais que la femme qui vous aime. Germain, tu ne m'entends pas? Te voilà retombé dans le sombre?

GERMAIN, *se levant.*

Non, tiens, c'est fini.

SYLVAINE, *lui montrant son couvert.*

Vois-tu, à cette heure?

GERMAIN.

Tu n'as mis que deux couverts.

SYLVAINE.

Combien donc qu'il en faut pour nous deux?

GERMAIN.

C'est jeudi, aujourd'hui, le jour où ton père dine avec nous.

SYLVAINE, *redescend.*

C'est juste! à l'habitude, il vient bien avant l'heure, et, cette fois, en le voyant point, j'y ai point pensé; mais il ne viendra pas maintenant. C'est pas qu'il est malade au moins,

GERMAIN.

On le saurait.

SYLVAINE.

Qu'est-ce qu'il y a donc?

GERMAIN.

Ah! je m'en souviens; il a été appelé comme témoin au jugement de Périk.

SYLVAINE, *à part.*

Encore Périk!... cela ne finira pas!

SCÈNE VII

LES MÊMES, YVONNE.

YVONNE, *apportant la soupière.*

A table, le diable est cuit.

SYLVAINE, *s'asseyant.*

Viens t'assoir. Je meurs de faim.

GERMAIN, *s'asseyant.*

Tu es bien heureuse.

SYLVAINE.

Comment? (*Yvonne sort.*)

3

GERMAIN.

Moi, non. J'ai l'estomac serré, à cause...

SYLVAINE, *impatientée.*

Ah ! encore !

GERMAIN.

Oui. Et c'est singulier ! Ce qui me frappe le plus, c'est que chaque fois qu'il est question de ça, tu dis des choses qui ne sont pas dans ton naturel.

SYLVAINE, *d'une voix douce et caressante, après l'avoir contemplé avec amertume.*

Voyons Germain, assez sur ce sujet... Tu ne vois donc pas que tu me fends le cœur de te voir triste et occupé d'autre chose que de moi. Je suis jalouse de toutes tes pensées, je voudrais être toute seule en ce monde pour toi, toute seule dans ton idée, toute seule encore dans ton sommeil et dans tes rêves. (*Elle est debout près de lui.*) Va, mon Germain, tu ne sauras jamais comme je t'aime, et comme il m'est bon de tout éloigner pour t'appartenir plus entièrement. Qu'est-ce que ça me fait tout le reste ? Et, c'est bien pour ça que je suis malheureuse du double quand la peine me vient de toi. Allons, Germain, il faut me sourire. (*Il lui a pris les mains et les lui embrasse.*) Là ! me v'là heureuse à cette heure et fière. (*Lui mettant une assiette devant lui en passant.*)

GERMAIN.

Tu as raison, reprends ta place... en face de moi, que je te voie, c'est ça. J'y pense plus, tiens.

YVONNE, *entrant, apportant du cidre.*

A fallu mettre un poinçon de cidre en perce, mais en voilà du bien frais.

GERMAIN, *gaiement.*

Verse en ce cas.

SYLVAINE.

Te voilà comme je te veux.

(*Depuis un moment, Périk est appuyé au mur du fond et regarde ce qui se passe.*)

SCÈNE VIII

LES MÊMES, PÉRIK.

GERMAIN.

Eh bien ! trinque avec moi.

SYLVAINE.

Ah ! de bon cœur, va !

PÉRIK, *au moment où les verres se choquent.*

A la santé de la Sylvaine ! (*Sylvaine se lève.*)

GERMAIN, *se levant.*

Périk !

SYLVAINE, *effarée.*

Lui !

GERMAIN.

Te voilà ici.

PÉRIK.

Acquitté, libre !

SCÈNE IX

LES MÊMES, TANGOEL.

TANGOEL, *qui vient de paraître près de Périk.*

Oui... acquitté faute de preuves...(*A Périk.*)Entre donc.

PÉRIK.

Vous n'avez pas vu la grand'mère...

SYLVAINE.

Si, elle était là tout à l'heure.

PÉRIK.

Je voudrais l'embrasser et lui annoncer cette bonne nouvelle. (*Périk entre en sautant le mur d'appui, pendant
que Tangoël entre par la porte.*)

TANGOEL.

Attends, qu'on se désaltère, la route a été longue.

GERMAIN, *à part.*

Acquitté ! C'est donc un autre qui a fait le coup, alors.

TANGOEL.

Vous ne m'avez pas attendu pour dîner, au moins, les
enfants ?

SYLVAINE, *derrière la table.*

Nous n'avons pas fini, mon père, et l'on peut recommencer.

TANGOEL.

Pour moi, non. J'ai dîné en route... Pour lui c'est autre chose... Il n'a pas voulu manger avec moi. A deux cents pas du village il a descendu de ma carriole, disant qu'il avait quelque chose à voir, et il a pris par la traverse.

PÉRIK.

J'avais fait le vœu d'aller m'agenouiller à la croix verte avant que de voir personne du pays, si, par chance, je me tirais de leurs pattes. Ça vous étonne, ça...

TANGOEL *s'assied.*

Que tu croies en Dieu? Dame, oui. Pas moins, le voilà. Donnes-y à dîner, ma fille.

PÉRIK.

Ah çà! mais comme tu me regardes, la Sylvaine, et toi aussi, l'ami Germain! Je suis pas un fantôme, va! C'est bien vrai, ils m'ont lâché.

GERMAIN.

Ah! moi, va, je suis bien content pour toi.

PÉRIK.

Merci; et toi, Sylvaine?

SYLVAINE.

Et moi aussi donc! Mais faut te restaurer, et j'y vas voir moi-même... Mets un couvert, Yvonne, et viens m'aider. (*Elle sort, suivie peu après par Yvonne.*)

GERMAIN, *servant.*

Eh! bois un coup d'abord; vous aussi, pas vrai, père Tangoël!

TANGOEL, *se levant.*

Je crois bien, allons!

GERMAIN.

Mais, dis voir un peu comment que tout ça s'est passé.

SCÈNE X

TANGOEL, PÉRIK, GERMAIN.

PÉRIK.

Ah! ça n'a pas marché tout seul; une fois qu'ils vous tiennent, c'est pire que le diable ou la maladie. Et qu'ils vous questionnent! Et qu'ils vous en demandent! Faut pas s'embrouiller, encore; j'aurais jamais cru les bourgeois si

fins et si malins! Qu'est-ce que tu faisais à tel jour, à telle
heure?... A six mois de là, faut s'en souvenir, encore qu'ils le
savent mieux que vous, et vous rappellent une bêtise qu'on
aura oubliée. Ils m'ont dit ma vie mieux qu'un sorcier de la
foire. J'en avais comme des froids dans le dos. Mais c'est
égal! Faut-il que tout ce monde-là ait peu de chose à faire,
pour s'occuper, comme ça, de ce qui ne les regarde pas !

GERMAIN.

Et toi, tu as répondu?

PÉRIK.

J'ai répondu, j'ai répondu!... J'ai répondu serré, quand
je pouvais, encore. Ils voulaient pas toujours me laisser répondre; mais alors, vois-tu bien, je me démenais comme
un diable dans un bénitier. « Y a pas de tout ça, que je
leur disais; vous en prenez bien à votre aise. Une fois fini,
vous vous en irez dîner ben tranquillement, la fenêtre ouverte pour humer les senteurs du printemps. J'y vas pas
contre; mais moi, je me sens la tête qui branle sur mes
épaules. Que vos femmes et votre dîner attendent un peu
J'ons pas tout dit... j'ons pas tout dit. » (*Il boit et se
lève.*)

GERMAIN.

Mais tu avais un avocat?

PÉRIK, *s'asseyant.*

Peuh ! Je m'en serais passé, mais ils n'ont pas voulu, ils
m'en ont donné un tout de même.

GERMAIN.

Et il t'a défendu, lui, hein?

PÉRIK.

M'a-t il défendu? m'a-t-il pas défendu? Tout ce que je
sais, c'est qu'il leur z'y a parlé un bon moment, mais les
autres ne l'écoutaient point.

GERMAIN.

Comment?

PÉRIK.

Oui, vois-tu. Je comprends pas ça, moi-même qui l'écou-
tais, là, ferme, je me disais : Mais il parle pas de moi,
mais il parlera donc pas de moi; cependant, il paraît qu'il
en parlait tout de même, mais sacredié ! j'y ai pas compris

un mot. (*Se levant.*)Non, vois-tu bien, le meilleur, ç'a été
le témoignage du père Tangoël, et, à vrai dire, je ne m'y attendais pas !

TANGOEL.

Pourquoi ça ?

PÉRIK.

Dam ! vous n'avez jamais paru bien tendre vis-à-vis de
moi !

TANGOEL, *se levant.*

Y a pas d'être tendre ou non. Fallait dire ce que je savais. Je l'ai dit ; si j'en avais retenu quelque chose, je serais
méprisable.

PÉRIK, *gagnant l'avant-scène.*

Bonheur que ça m'ait été favorable.

TANGOEL.

C'est pour ça que ne faut pas m'en avoir d'obligation. Et
puis qu'aussi bien nous en sommes sur ce chapitre-là,
écoute, Périk, le tribunal t'a acquitté faute de preuves, j'en
suis content, mais t'as pas non plus prouvé ton innocence...
(*Germain se lève.*)

PÉRIK.

Je l'ai peut-être ben pas voulu, et cette chose-là m'était
peut-être plus facile qu'on ne pense.

TANGOËL.

C'est affaire à toi ; mais, observe-toi, vois-tu bien, j'ai
oujours la mort de Gervais sur le cœur, et j'ouvre l'œil.

PÉRIK.

Sur moi ?

TANGOEL.

Sur toi aussi... sur toi aussi...

(*Depuis un moment, les gens du village se groupent peu
à peu dans la rue et regardent curieusement à l'intérieur en se montrant Périk au doigt et se parlant
bas.*)

SCÈNE XI

LES MÊMES, SYLVAINE, YVONNE.

SYLVAINE, *apportant u neassiette.*

Te voilà servi, Périk.

PÉRIK.

Servi par toi, ça sera meilleur.

PONGO.

Je vous dis que c'est lui.

UNE FEMME.

Périk, chez eux!

PLUSIEURS.

Entrons.

TOUS.

Oui, oui, entrons.

YVONNE.

Mais oui, c'est lui qui est acquitté! (*Les gens du village
entrent.*)

TOUS.

Périk, Périk, Périk.

PÉRIK, *surpris.*

Périk, oui. (*On lui tend la main.*) Tiens! tiens!

PONGO.

Te voilà, pauvre gars!

UN AUTRE.

Que t'es pâli! c'est pitié!

PÉRIK.

Qu'est-ce qu'ils ont donc?

PONGO.

Pauvre gars, qui a manqué de payer pour un autre!

PÉRIK.

Ma foi! c'est à pas le regretter, à les voir si aimables,
moi qui étais plutôt habitué à ce qu'ils me lancent des coups
de patte et des pierres.

PONGO, *approuvé par les autres.*

Ça ne fait rien! Tu es tout de même un enfant du pays,

tu as été en prison injustement ; on t'a acquitté. Eh bien?
on s'en réjouit avec toi. Faut le fêter, hein?

TOUS.

Oui, oui, pauvre Périk.

PÉRIK.

Ah! Seigneur, quelle aubade!

PONGO.

Nous allons te conduire en triomphe jusqu'à ta maison,
dans la grève déserte; nous ouvrirons les fenêtres au grand
vent de la mer qui n'y est pas entré depuis que t'es
parti. On te servira tous, aujourd'hui, filles et garçons.
Tant pis!

TOUS.

Oui, c'est ça, oui, en route.

PÉRIK.

Un moment, le ventre sonne creux et les provisions doi-
vent être sèches là-haut. Laissez-moi manger la soupe au
moins, et puis souffler un brin. J'ai perdu l'habitude de
jouer des jambes en prison et je les sens qui me rentrent
dans le dos.

PONGO.

C'est ça, je vais réunir les amis et nous revenons te
prendre.

PONGO.

Venez avec nous, père Tangoël, et vous aussi, Germain,
ça le consolera, ce pauvre diable.

TANGOEL, *se levant*.

Je veux bien.

GERMAIN.

Moi aussi, je suis des vôtres.

TOUS.

Vive Périk! vive Périk! (*Ils sortent.*)

SCÈNE XII

SYLVAINE, PÉRIK.

PÉRIK, *mangeant et buvant*.

Ah! que c'est bon tout de même de manger à sa faim, et

de boire!... Tiens! qu'est-ce que t'as fait donc, Sylvaine? tu
m'as mis du vin sur la table?

SYLVAINE.

Mais oui!

PÉRIK.

Et tu es là, tout debout à me servir. Tiens, oui, je suis
heureux!

SYLVAINE.

Il y a de quoi, quand tout le pays t'acclame.

PÉRIK.

Ah! ça!...

SYLVAINE.

Comment?

PÉRIK.

Je sais ce que ça vaut, ces grands élans-là! Je sais ce
que ça dure aussi.

SYLVAINE.

Tu n'y est pas sensible?

PÉRIK.

Ça vient trop tard. Je ne suis plus sensible qu'à ce qui
est de durée et certain. Trop de choses m'ont été défendues
à moi, malheureux, trop de choses m'ont échappé aussi;
mais je me suis assuré un bonheur à présent, un bonheur
que le diable ne pourrait pas m'ôter, et sacredié, je m'y
tiens. Tu ne le croirais pas, toi, que j'ai un amour dans le
cœur.

SYLVAINE.

Ah! Et tu espères?

PÉRIK.

J'espère? ah! ben ouiche! Je suis sûr d'être contenté!
Et puisque l'occasion s'en présente, faut que je te conte ça.
(*Se levant.*)

SYLVAINE.

J'ai pas besoin de savoir ça, moi...

PÉRIK.

Si fait, Sylvaine, il faut que tu le saches à cette heure.

3.

SYLVAINE.

Moi?...

PÉRIK.

Écoute : celle que j'aime, celle que je veux à tout prix,
c'est toi, Sylvaine.

SYLVAINE, *avec mépris.*

Ah çà! t'es devenu fou peut-être.

PÉRIK.

Ah! je sais bien que ça t'étonne et que ça te fâche que
Périk ait envie de toi! c'est pourtant pas d'hier. Ah! cri-
dié, qu'il y a longtemps! Mais qu'est-ce que j'étais?...
fallait se taire. Tandis qu'aujourd'hui...

SYLVAINE.

Aujourd'hui?

PÉRIK.

Tu peux croire que si je t'en parle, c'est que j'ai pris
mes précautions.

SYLVAINE.

Mais qu'est-ce que tu dis donc, toi?

PÉRIK.

Je dis?... je dis que je viens de faire cinq mois de prison pour ça, et je dis : Que si le puits de la Lande rendait
ce que cache sa vase, on ne m'y aurait pas gardé si longtemps.

SYLVAINE.

Miséricorde!

PÉRIK.

Je dis que l'heure presse et que je t'attends cette nuit
dans ma maison, pour te dire à mon gré que je t'aime,
Sylvaine.

SYLVAINE.

Moi? jamais!

PÉRIK.

Bah! je te donne trois jours. Pendant ce temps-là, y
songeras, tu te diras qu'il ne faut pas braver un homme qué
s'est laissé accuser d'un crime, qui a été sur le point d'être

condamné à mort, alors que d'un seul mot il pouvait se faire remplacer par le coupable.

SYLVAINE.

Tu mens !

PÉRIK.

Je mens? non, pas à toi, je mentais à ton père, tantôt sur la route, oui, en disant que j'allais prier à la Croix-Verte. J'y allais déterrer une boîte dans quoi j'avais mis ça, tiens. (*Il lui montre le mouchoir auquel elle s'est essuyé les mains au premier acte.*)

SYLVAINE.

Ah!

PÉRIK.

Reconnais-tu ce mouchoir, où il y a tes lettres? Reconnais tu le sang de Gervais. Ah! tu peux le regarder, c'est des histoires de bonnes femmes, que le sang crie vengeance, il ne crie rien celui-ci ; mais tout de même si je n'étais pas arrivé le premier au puits, pour l'ôter de la margelle, tu n'aurais pas épousé Germain et tu serais aujourd'hui devant le tribunal de Vannes... Voyons, Sylvaine, ça vaut bien une récompense, ça, hein?

SYLVAINE.

Grâce !

PÉRIK.

Et tu me la donneras, je la veux, et je l'aurai.

SYLVAINE.

Grâce ! non, non.

PÉRIK.

Si tu ne veux pas que le puits de Carnac dise son secret, si tu ne veux pas que Germain te maudisse et que le tribunal te réclame, si tu ne veux pas enfin que j'envoie ce mouchoir aux juges, ou mieux encore à ton père, tu viendras le chercher une des trois nuits prochaines.

SYLVAINE, *à genoux.*

Périk, je te crie grâce !

PÉRIK.

J'ai-t-il crié grâce, moi, quand je te voyais aimer Germain? J'ai-t-il crié grâce quand on voulait me couper le cou?... Allons, relève-toi, ils reviennent. (*Voix inté- rieures.*)

SYLVAINE.

Mon Dieu!.

PÉRIK.

Trois nuits, tu entends, après il serait trop tard, je veux plus attendre! Essuie tes yeux donc, les voilà, te dis-je.

SYLVAINE, *éperdue et d'une voix étranglée.*

Voyons, Périk, tu sais bien que je n'irai pas ; tu sais bien que je me tuerai plutôt.

PÉRIK.

Je sais... je sais... et que tu es belle et que je t'aime. (*Voix intérieures.*)

SCÈNE XIII

LES Mêmes, TANGOEL, GERMAIN, YVONNE, LA GRAND' FAUCHEUX; LA POPULATION DU VILLAGE. (*Au fond paraissent les personnages de cette scène qui avec la population forment un cortége. La Grand'Faucheux est montée sur une carriole pleine de paille et de branches vertes et de fleurs. Des musiciens précèdent la marche. Les habitants ont des rameaux à la main, etc.*)

TOUS.

Allons, Périk, allons!

PÉRIK, *bas à Sylvaine.*

Viens donc aussi ; ça t'apprendra le chemin.

TOUS.

Périk!... Vive Périk! (*Périk les rejoint, monte à côté de la Grand'Faucheux, et pendant que le cortége s'ébranle aux cris des habitants, que les musiciens accompagnent, Sylvaine, restée, seule tombe à genoux devant la table.*)

SYLVAINE.

Mon Dieu! est-ce votre justice qui commence?

LA FAUCHEUX.

Pauvre Sylvaine, tu fais bien de prier Dieu!

FIN DU DEUXIÈME ACTE.

ACTE TROISIÈME

Chez Périk. L'intérieur d'une masure. La construction s'appuie visiblement à un rocher, l'une des parois de la salle est la roche elle-même. Le toit a quelque peu fléchi, et l'on voit quelques parties du chaume effondré qui pendent intérieurement. Au fond la porte rejetée à l'intérieur ne tient plus que par un seul gond. Une fenêtre à petits carreaux, dont la plupart sont brisés est ouverte, de même une galerie praticable à laquelle on parvient par un escalier. Cette galerie conduit à une chambre dont on aperçoit la porte en bon état. Grande et haute cheminée. Table, siéges, filets, ballots et caisses, etc. Le tout doit offrir un aspect délabré. C'est au baisser du jour.

SCÈNE PREMIÈRE

PÉRIK, UN CONTREBANDIER, LA GRAND'FAUCHEÚX,
TROIS OU QUATRE CONTREBANDIERS A L'EXTÉRIEUR.

(Au lever du rideau, Périk et le contrebandier sont attablés au premier plan. — La Faucheux, accroupie dans l'âtre, paraît ne songer à rien et écoute leur conversation. Par la fenêtre à laquelle l'un d'eux est accoudé, tournant le dos au public, trois ou quatre contrebandiers causent en fumant.)

KÉROUAT.

Je ne te reconnais plus, parole ! Toi qui n'as jamais boudé devant un coup chanceux, même périlleux, tu refuses une affaire toute faite et si bien préparée, que tu n'as qu'à regarder faire.

PÉRIK.

Je ne veux pas cette nuit, voilà tout.

KÉROUAT.

A causo ?

PÉRIK.

Si on te le demande, dis hardiment que tu n'en sais rien.

KÉROUAT.

C'est pas répondre en homme sérieux. Qu'est-ce qu'il y a ? *(A La Faucheux.)* Voyons, la mère ?

LA FAUCHEUX, *jouant l'engourdissement.*

Eh?...

PÉRIK,

Tu ne vois pas qu'elle dort.

KÉROUAT,

Réponds, alors.

PÉRIK.

Je suis comme les belles filles, moi; j'ai des caprices; attends que ça passe.

KÉROUAT.

C'est que voilà deux jours que tu nous tiens là, en pleine mer. Les hommes s'impatientent, à la fin.

PÉRIK.

Donne leur du tabac, des cartes. (*Sur un haussement d'épaules.*) Voyons, cependant! vous ne pouviez pas compter sur moi, puisque je ne suis revenu de prison qu'avant-hier.

KÉROUAT.

Ça, c'est vrai!

PÉRIK.

Eh bien! faites l'affaire sans moi; comme vous l'aviez combinée d'abord.

KÉROUAT.

T'es bon, toi! C'est qu'en ce cas-là l'affaire a des risques, et qu'avec toi elle n'en a pas. Le débarquement est assuré. Voilà trois jours qu'un camarade tient les gardes-côtes en éveil, d'un autre côté. Mais, une fois débarquées, il faut que les marchandises soient portées à dos d'homme, à plus de quatre lieues dans l'intérieur, tandis que s'il n'y a qu'à les remiser ici, ce n'est plus que trois cents pas à faire, et la réussite est certaine en moins d'une heure. Voyons, c'est-il que tu deviens intéressé, et que tu veux une part plus forte? T'as qu'à dire; on n'y regardera pas, et ça vaut la peine, cette fois!

PÉRIK.

Ah ben ouiche! je songe bien à l'argent!

KÉROUAT, goguenard.

Tu as fait des économies en prison?

PÉRIK.

Tu l'as deviné. (*Montrant le délabrement de la masure.*) Tiens, les voilà mes économies. Pendant que je go-
bais des douleurs entre leurs quatre murs, l'ouragan, curieux
de ne plus me voir, a défoncé la porte et la croisée. Pendant que je claquais des dents, sur leur paillasse moisie, la
gelée fendait la pointe du rocher où ma cabane s'accroche,
et les morceaux faisaient un passage à la pluie en effondrant
le plafond.

KÉROUAT.

Raison de plus, en ce cas, pour se dépêcher de réparer
tout ça. Et à moins qu'il ne te soit venu des scrupules...

PÉRIK, l'interrompant, avec animation.

Des scrupules? ah! pas pour le quart d'heure! Je suis
plutôt en révolte contre le monde entier, les gens et les
choses. Ah! c'est que j'en ai trop enduré. Il m'en a passé
des idées dans la tête, pendant qu'ils m'ont tenu enfermé
seul, en face de moi-même pour me dire après cinq grands
mois de fièvre et de rage : « Eh ben! mon garçon, c'est
» pas toi; voilà tout... voilà tout : va-t'en; retourne à ta
» maison si elle est encore debout, si tu as de quoi manger
» sur la route et des forces pour faire le chemin. Tu en
» es quitte; va retrouver ta femme, ou ta vieille mère, si
» la méchante bêtise des voisins ne l'a pas chassée du pays,
» ou si elle n'a pas crevé de faim. » Non, va! ce n'est pas
ça qu'est fait pour vous en donner des scrupules! Aussi,
je n'en avais pas beaucoup avant; mais sacredié, ce qui
m'en reste peut me tomber sur le pied, il ne me l'écrasera
pas.

KÉROUAT.

Alors, si tu t'obstines à nous refuser, c'est-il que tu as
un autre projet pour cette nuit?

PÉRIK.

Je n'ai rien dit. Je dis tout bonnement que ça ne se peut

pas aujourd'hui, faut t'en tenir à ça. Mais, à compter de demain, je suis de toutes les affaires qu'on voudra. Tant plus
qu'il y en aura, tant plus que je suis disposé à en faire. Je
veux de l'argent, il m'en faudra beaucoup, et peut-être bientôt. Et même... (*Il jette un coup d'œil sur La Faucheux
et attire le contrebandier à l'écart.*) Viens par ici.

KÉROUAT.

Puisqu'elle dort.

PÉRIK.

Elle dort comme elle a toujours dormi : d'un œil! Et je
ne veux pas qu'elle sache ce que j'ai à te dire.

KÉROUAT.

Quoi donc?

PÉRIK.

Peut-être bien que je te demanderai un jour de me faire
embarquer pour... bien loin.

KÉROUAT.

Tu veux quitter le pays?

PÉRIK.

Ça se pourrait... chut!

KÉROUAT.

Bon!

PÉRIK.

Pour lors, voilà le jour qui baisse, allez-vous-en.

KÉROUAT.

Du moment qu'il n'y aura rien cette nuit, nous ne sommes pas pressés.

PÉRIK, *embarrassé.*

Sans doute... Mais... mais ça ne fait rien.

KÉROUAT.

Tu attends quelqu'un?

PÉRIK, *dissimulant.*

Moi? cette idée! qui ça? Mais on ne sait pas! ceux qui
m'ont lâché me font peut-être espionner; autant vaut qu'on
ne nous voie pas ensemble, comme compères et compa-
gnons.

KÉROUAT.

En ce cas, à demain. (*Il se dirige vers le fond.*)

PÉRIK, *l'arrêtant.*

Non, pas par là. La chambre d'en haut ouvre sur le sentier des falaises, en le prenant vous ne risquerez de rencontrer personne.

KÉROUAT.

Tu as raison. (*Aux hommes.*) Venez, vous autres. (*Kérouat et ses hommes montent l'escalier et sortent par la porte qui ouvre sur la galerie praticable. Périk les conduit et disparaît un instant avec eux.*)

SCÈNE II

LA GRAND'FAUCHEUX, TANGOEL, *puis* PÉRIK.

(*Pendant qu'ils montent et entrent dans cette chambre, on aperçoit par la croisée, dans l'ombre d'abord, puis à mesure, plus près, le père Tangoël qui s'approche en regardant. Il a son fusil en bandoulière. S'appuyant à la fenêtre, il suit des yeux Périk et les contrebandiers.*)

TANGOEL, *à lui-même.*

Où donc vont-ils par là?... La vieille !...

LA FAUCHEUX, *à elle-même.*

Qui est-ce qui est là, donc ? (*Tangoël, l'apercevant, disparaît vivement.*

LA FAUCHEUX *se lève, va regarder à l'extérieur par la porte, puis revient.*

Je croyais que c'était elle... Après ça, je suis peut-être folle avec mes suppositions. C'est égal, il n'y a rien dans tout ça. Faut savoir. (*Elle s'occupe à allumer la lampe, en soufflant sur la braise de l'âtre.*)

PÉRIK, *rentrant.*

M'en voilà défait. (*A la Faucheux.*) Que faites-vous donc là, grand'mère ?

LA FAUCHEUX.

Je t'allume la lampe, mon garçon.

PÉRIK.

Ne vous en donnez pas la peine.

LA FAUCHEUX.

Voilà la grande nuit qui vient.

PÉRIK.

Oui, bien. Aussi faut songer à vous en retourner chez vous.

LA FAUCHEUX.

Ah ! je ne crains pas l'ombre.

PÉRIK.

Je sais bien, je sais bien. Mais faut tout de même vous en aller ; voyez-vous, les soirs sont encore bien frais, et la brise est mouillée.

LA FAUCHEUX.

Ne t'inquiète pas, j'y suis faite. *(Elle a apporté la lampe sur la table, près de lui.)*

PÉRIK.

Sans m'inquiéter ; c'est l'heure de partir.

LA FAUCHEUX, *l'éclairant.*

T'y tiens donc bien ?

PÉRIK.

Pourquoi que vous me dites ça !

LA FAUCHEUX.

Tout le monde a l'air de te gêner, ce soir ?

PÉRIK, *affectant de rire.*

Moi ?... Ah ! cette idée !

LA FAUCHEUX.

J'en ai bien une autre encore, va. *(Tangoël apparaît peu à peu et écoute par la fenêtre.)*

PÉRIK.

Quoi donc ?

LA FAUCHEUX.

J'ai l'idée que tu m'as menti.

PÉRIK.

Quand ça ?

LA FAUCHEUX.

J'ai l'idée que, malgré tout, c'est toi qui as tué Gervais.

PÉRIK.

Ah ! grand'mère, il ne faut pas être plus dure que les
juges. Voilà cinq mois qu'on me répète la même chose, et
je m'en lasse, à la fin. Encore une fois, et pour la dernière :
Non, cela n'est pas vrai !

LA FAUCHEUX.

Alors, pourquoi que tu veux quitter le pays? (*Mouvement
de Tangoël.*)

PÉRIK.

Je veux quitter le pays?

LA FAUCHEUX.

Tu l'as dit, là, tout à l'heure.

PÉRIK, *riant.*

Je croyais que vous dormiez, la mère?

LA FAUCHEUX.

Quand je dors, j'entends.

PÉRIK.

Ou vous rêvez.

LA FAUCHEUX.

Je te dis...

PÉRIK, *riant.*

Allons, c'est vrai, là : je l'ai dit, mais voilà tout ! C'est
une idée en l'air, une parole comme une autre.

LA FAUCHEUX.

Non, non ! Tu es un homme qui mène les choses de
loin. Il y a un projet, il y a quelque chose que tu as mani-
gancé dans ta prison, peut-être bien.

PÉRIK.

Eh ! non. Voyons !

LA FAUCHEUX.

Périk, tu mens ! Il y a quelque chose, et si tu veux que
je parte, c'est que tu attends quelqu'un qui est de cette
chose-là ! (*Mouvement de Tangoël.*)

PÉRIK.

Ah çà !...

LA FAUCHEUX.

Regarde-moi en face et jure que non.

PÉRIK, *maître de lui.*

Vous avez rêvé ça, grand'mère. Et la preuve, tenez. (*Il se consulte.*)

LA FAUCHEUX.

La preuve?

PÉRIK, *affectant de sourire et de paraître dégagé.*

C'est que je vas vous reconduire jusqu'à chez vous. (*Il va décrocher une lanterne.*) Il y a longtemps que je n'y ai mis les pieds. Nous causerons un brin, et, si vous n'êtes pas trop soupçonneuse, je vous conterai pourquoi que j'ai comme une idée d'aller m'établir dans un autre pays où l'on ne saurait pas que j'ai été accusé, et où je pourrais peut-être vivre autrement qu'ici de contrebande et de braconnage. Ça se peut peut-être, vous m'en direz votre idée, hein?

LA FAUCHEUX, *qui l'observe, à part.*

C'est pas vrai!

PÉRIK, *prêt à partir.*

Venez-vous?

LA FAUCHEUX, *faisant semblant d'être convaincue.*

Allons. (*Elle le suit en regardant bien autour d'elle. Ils sortent, pendant que Tangoël se dissimule, reparaît bientôt à la fenêtre et pénètre par la porte.*)

SCÈNE III

TANGOEL, *seul.*

Elle a raison, la vieille; il y a quelque chose. C'est peut-être pas lui qui a tué Gervais; mais si ce n'est pas lui, il doit savoir qui c'est. Et les autres là-haut, qu'est-ce qu'ils font? (*Il monte avec précaution et va écouter à la porte de la galerie.*) Pas un bruit. Si bas qu'ils parlent, on entendrait un murmure. (*Il frappe doucement.*) Rien. (*Il ouvre.*) Personne. Ça va donc dehors, ça?... Oui, il y a une porte, on voit la clarté du soir par les jointures. Où donc que ça mène? A quelque sentier perdu. Faut-il voir? Oui, faut voir; car si la vieille a raison, s'il attend quelqu'un, c'est par là qu'il doit venir. Faut que j'aille un bout à sa rencontre. (*Il entre et disparaît.*)

SCÈNE IV

PÉRIK, *seul.*

(*La scène reste vide un moment, puis on entend des pas sourds et précipités, et Périk entre en courant, tenant sa lanterne éteinte. Il s'arrête à la porte et regarde. Essoufflé.*) Elle n'y est pas? Non! (*Se laissant tomber sur un siége en comprimant sa poitrine.*) Ah! que j'ai couru! je n'en peux plus. Ouf! (*Souriant.*) Elle se méfiait, la grand'mère. Pauvre vieille! elle en a tant vu! (*Il se verse un coup et boit.*) C'est égal! j'ai de son sang; on est plus fin qu'elle. Et la voilà tranquillisée. Ah! mais que le cœur me bat, tout de même! J'ai trop couru! Ah! pauvre Périk, va! tu as beau te mentir; si le cœur te bat, ce n'est pas d'avoir couru! Tu n'avais pas couru hier, ni le soir d'avant, et le cœur te battait tout de même. Si elle allait ne pas venir? Elle n'oserait pas me défier à ce point-là? (*Allant voir par la porte du fond.*) Il n'est pas tard encore, Pourtant on ne voit plus de lumière dans le village! Dire qu'elle est peut-être là dans l'ombre, et que je ne la vois pas. (*Redescendant un peu.*) Ah! elle viendra; il faut patienter un peu. Je veux la voir là, la fière Sylvaine, à genoux, me supplier, me conjurer... Ah! quand elle me criait grâce, avant-hier... je ne regrettais plus tant ce que j'ai enduré pour elle. (*Regardant et remontant vers la fenêtre.*) Les chemins sont noirs; si elle s'était perdue? Et l'heure avance. (*Il va lentement vers la porte, attiré comme malgré lui.*) Quelle torture d'attendre comme ça! Elle ne viendra pas, donc!... (*Poussant un cri et s'élançant d'un pas.*) Ah! ah! te voilà! (*Il l'attire.*) Entre, entre, Sylvaine; ne crains rien, il n'y a personne. On ne l'a pas vue venir. Attends. Faut pas trembler comme ça. Attends... (*Ce disant, il soulève la porte et la ferme tant bien que mal, il ferme aussi la croisée. Sylvaine est allée s'asseoir sur un siége.*)

SCÈNE V

SYLVAINE, PÉRIK.

(Périk vient lentement à elle et se met à genoux
devant elle.)

PÉRIK, *ému.*

Te voilà donc venue!... Ah! que tu es bonne! Ah! que
ce moment-là est bon et doux! Il y a plus de six ans que
je l'attends, que je l'ambitionne et que j'en désespère. Ah!
je le mérite, va; je n'ai reculé devant rien, sans seulement
jamais être sûr qu'il arriverait... Et puis le voilà. Tu es là,
chez moi, toute seule... Toi, toi Sylvaine, chez ce gueux de
Périk. C'est comme un conte de fée... et... et...Tu ne m'é-
coutes pas, Sylvaine.

SYLVAINE, *le regardant.*

Pourquoi te mets-tu à genoux?

PÉRIK.

Sylvaine...

SYLVAINE.

Qu'est-ce que tu t'imagines donc? Que je suis vaincue,
que je viens me rendre?

PÉRIK.

Voyons, écoute.

SYLVAINE.

Non. C'est à toi de m'entendre; car enfin, ce n'est pas
ma faute à moi si tu t'es mis en tête une idée à mon sujet.
Je ne t'y ai pas encouragé. Si tu me l'avais dit, j'aurais été
franche.

PÉRIK, *qui s'est relevé.*

Te le dire!... comme tu en aurais ri avec les autres
filles!

SYLVAINE,

Pourquoi ça? Non. Voyons, Périk, si je t'ai fait du mal,
c'est malgré moi, eh bien!...

PÉRIK, *l'interrompant avec violence.*

Eh bien! rien! Je ne veux rien écouter!Que j'aie eu tort
ou raison, je te voulais; te voilà, à cette heure, c'est assez
de paroles.

SYLVAINE.

Mais ce que tu rêves est impossible ! Tu sais bien que jamais,...

PÉRIK.

Puisque tu es venue !

SYLVAINE, *déconcertée*.

Je suis venue avec un projet. Périk, laisse-moi te dire...

PÉRIK.

Rien, rien que je te dis.

SYLVAINE, *déterminée*.

Non ?... alors...

PÉRICK.

Alors ?

SYLVAINE.

Alors je n'ai plus à rester ici. (*Elle remonte.*)

PÉRIK.

Où vas-tu ?

SYLVAINE.

Je m'en vas.

PÉRIK, *lui barrant le passage*.

Où donc ?

SYLVAINE, *reculant*.

Qu'est-ce que ça te fait, pourvu que tu aies ta vengeance ? Laisse-moi aller. Mais tu peux sortir en même temps ; tu peux me dénoncer, va ; mon parti est pris.

PÉRIK.

Te dénoncer ? Pourquoi faire, puisque te voilà ; puisque je te tiens.

SYLVAINE, *haussant les épaules*.

Je m'en vas, je te dis.

PÉRIK.

Tu ne sortiras pas !

SYLVAINE.

Prends garde, Périk... tu me connais, quand je ne veux pas une chose, je ne la veux pas.

PÉRIK, *railleur*.

Tu me ferais ce que tu as fait à Gervais ?

SYLVAINE.

Si tu savais bien ce que j'ai fait, et pourquoi je l'ai fait,
tu n'aurais jamais compté que je cède, tu ne te serais jamais dit : « Je la mettrai là, entre moi et l'échafaud,
elle en aura peur, et j'en ferai ma maîtresse. » Non ! ni la
tienne ni celle d'un autre — jamais !

PÉRIK.

Qu'est-ce que tu es donc venue faire ici ? Tu as cru
m'amadouer, m'endormir ?

SYLVAINE.

Toi ? je n'aurais pas voulu devoir mon bonheur et ma
tranquillité à ça. — J'ai cru qu'avec de l'argent...

PÉRIK.

Ah !...

SYLVAINE.

Tiens, j'en ai plein mes poches... je vois que je me suis
trompée. (*Tombant sur une chaise.*) Ah ! mon Dieu !
(*Elle cache sa figure dans ses mains.*)

PÉRIK.

En ce cas, qu'est-ce que tu comptes faire ? (*Silence.*)
Dis-le-moi donc Sylvaine ?

SYLVAINE, *autre aspect.*

Si je te le disais, tu aurais peut-être pitié de moi, et je
ne veux pas de ta pitié.

PÉRIK.

Hein !

SYLVAINE.

Je ne veux pas ; ah ! je ne veux pas surtout qu'une
chose bonne et douce te rapproche de moi.

PÉRIK.

Ah çà !...

SYLVAINE.

Je n'ai qu'une honte, celle de t'avoir demandé grâce
avant-hier... mais j'étais folle dans ce moment-là, tandis que
maintenant je te brave, je te dis d'aller me dénoncer.

PÉRIK, *incrédule.*

Te dénoncer ! c'est bientôt dit !... Ah ! je sais bien :
Tant qu'il n'y a qu'à dire, on est tout crâne ; mais te vois-
tu sur la route, entre deux gendarmes ? Te vois-tu en prison ? Te vois-tu devant le tribunal, sous l'œil du père
Tangoël et sous celui de Germain ? Et puis... et puis peut-
être sur la place du Marché...

SYLVAINE.

Ah ! j'en jure ma grande foi ! si je n'avais pas le temps
ou le courage de me dérober par la mort à cette infamie-là,
j'aimerais encore mieux la subir que de me l'éviter, grâce
à toi.

PÉRIK.

Alors, tu me détestes ?

SYLVAINE.

Toi ? oh ! pas même.

PÉRIK, *frappé.*

Mais qu'est-ce que tu as donc pour moi, Sylvaine ?

SYLVAINE.

Rien que du dégoût ! (*Léger silence.*)

PÉRIK, *furieux et s'élançant vers elle.*

Eh ben ! tant pis...

SYLVAINE.

Si tu avances, je me tue ici. (*Autre silence.*)

PÉRIK, *s'asseyant calme et railleur.*

Tu es une fière femme ; allons ! ah ! me voilà maté ; ça y
est — tu peux partir. (*Elle fait quelques pas vers la
porte, puis, inquiète, le regarde et hésite.*)

SYLVAINE.

Tu as une arrière-pensée, toi ?

PÉRIK, *gouailleur.*

Et toi, tu te dis : « S'il ne me dénonçait pas tout de même,
je pourrais vivre heureuse. » Où si tu savais le jour seulement, tu ne te tuerais que la veille, n'est-ce pas ? Qu'est-
ce que tu en penses donc, la Sylvaine ? Tu ne dis rien ? Tu

étais si brave, là tout à l'heure ; si décidée, si forte ! Est-ce que tu hésites dans ton idée ? Est ce que tu n'oses plus te jeter du haut de la falaise ? Dame ! c'est juste ! si je ne te dénonçais pas, ce ne serait plus la peine, pas vrai? Sois franche. Tu donnerais bien les écus que tu as là pour le savoir? C'est-il bien possible, après tout, qu'un gars affolé de toi comme j'en ai le malheur et l'ivresse, ira te livrer? Eh bien! vrai, si je le savais, je te le dirais. Va-t'en donc, ton mari s'est peut-être éveillé. (*Sylvaine va à la porte, l'ouvre et pousse un cri. La porte, retombée de côté, laisse voir d'abord l'obscurité, puis Germain, debout, pâle et impassible.*)

SCÈNE VI.

LES MÊMES, GERMAIN.

GERMAIN, *à Périk.*

Renvoie-la.

SYLVAINE.

Hein !

GERMAIN, *sur un geste de Périk.*

Renvoie-la donc, je te dis.

SYLVAINE, *voulant s'élancer.*

Germain !

GERMAIN.

Ne m'approche pas, toi, je ne te connais plus.

SYLVAINE.

Ah !

GERMAIN, *à Périk.*

C'est à toi que j'ai affaire ; tu ne comprends donc pas ?

PÉRIK, *bourrant sa pipe.*

J'ai pas l'air de me sauver, je pense.

SYLVAINE.

Ah çà ! qu'est ce que tu crois donc, Germain ?

GERMAIN.

Je crois ce que je veux ; je crois ce que je vois.

SYLVAINE.

Ah! mon Dieu !

GERMAIN.

Tais-toi, va-t'en. Je te fais grâce, mais à la condition de ne jamais te rencontrer, entends-tu?

SYLVAINE.

Bonté du ciel! Il croit que Périk est mon amant!

GERMAIN.

Qu'est-ce qu'il pourrait donc être?

SYLVAINE.

Qui? Périk? mon amant! ah! c'est le coup de grâce! Ainsi, tu doutes de moi? Il ne te suffit pas de savoir ce qu'il est! Tu peux le regarder et croire que je t'ai trompé pour lui. Voyons, Germain, tu ne penses pas ça, n'est-ce pas?

GERMAIN.

Encore une fois, va-t'en!

SYLVAINE.

Il me croit coupable! Lui! lui, pour qui... (*A Périk.*) Mais dis-lui donc la vérité, toi.

GERMAIN.

Je te trouve ici, je n'ai pas besoin d'en savoir davantage, pour être déterminé à ce qu'il me reste à faire.

SYLVAINE.

Eh bien, non, ce n'est pas possible. Je peux tout accepter; mais il y a une chose qui ne se peut pas, c'est que l'homme pour qui j'ai tout sacrifié, pour qui je me suis damnée dans la vie éternelle croie que je l'ai trahi... ce ne sera pas; car il n'y a peut-être que toi au monde, Germain, qui n'aies pas le droit de douter de ma foi.

GERMAIN.

N'en dis pas tant! si tu es innocente, un seul mot doit suffire. Qu'est-ce que tu es venue faire ici?

SYLVAINE.

Seigneur!

GERMAIN.

Tu vois bien que tu ne peux pas le dire.

SYLVAINE, *lui montrant Périk.*

Mais vois donc son sourire, vois donc son triomphe, vois donc ce qu'il espère.

GERMAIN.

Je réglerai avec lui, après. Il faut voir si tu peux répondre d'abord. Et penses-y bien, faute d'un mot, il arrivera un malheur. Voyons, Sylvaine, réponds : qu'est-ce que tu faisais ici?

SYLVAINE, *décidée*.

Tu veux le savoir ?

GERMAIN.

Je le veux !

SYLVAINE.

Tu le regretteras, Germain !

GERMAIN.

Pour la dernière fois, je le veux !

SYLVAINE.

Soit donc contenté. Tu me chasseras peut-être ; mais je ne peux pas me faire à l'idée que tu me méprises. Je suis venue ici...

PÉRIK, *vivement*.

Tais-toi, Sylvaine. Je ne dirai jamais rien, je le jure.

SYLVAINE.

Tu me décides, je ne te veux pas pour complice. (*A Germain en mettant des poignées d'argent sur la table. Je suis venue ici pour lui proposer de l'argent, pour qu'il me laise vivre pour toi, pour qu'il ne me livre pas à la justice.*

GERMAIN.

A la justice !

SYLVAINE, *lentement*.

Pour toi Germain, pour ne pas te perdre.

GERMAIN.

Achève...

SYLVAINE.

C'est moi qui ai tué Gervais !

GERMAIN, *cachant son visage*.

Ah ! (*Depuis un moment, Tangoël est survenu. Il est sur la galerie, il a entendu, à la réplique : « J'ai tué Gervais, » il a pris son fusil et l'arme.*)

4.

SCÈNE VII

LES MÊMES, TANGOEL, *puis* LA FAUCHEUX. — *Bruit du fusil armé par Tangoël. La Faucheux paraît, voit, s'élance.*

LA FAUCHEUX.

Sylvaine, prends garde! (*Elle montre Tangoël.*)

PÉRIK.

Le père Tangoël!

SYLVAINE.

Ah!

TANGOEL, *à Sylvaine.*

Fais ta prière.

GERMAIN, *se plaçant devant elle.*

Ah! non non! Je pardonne; elle est ma femme. (*Sylvaine, derrière lui, s'agenouille, lui prend la main et la lui embrasse.*)

TANGOEL.

Retire-toi... Elle est ma fille, et je ne veux pas de dés-honneur dans ma famille.

SYLVAINE *se relève et s'avance. Tangoël l'ajuste.*

GERMAIN, *hors de lui.*

Ah! (*Il se précipite dans l'escalier pour s'accrocher à Tangoël.*)

TANGOEL, *tirant.*

Que Dieu te pardonne!

SYLVAINE, *frappée.*

Ah! père!... je vous bénis... Germain... je t'adore!

LA FAUCHEUX, *la soutenant, à Périk.*

Voilà ce que t'as fait, toi!

GERMAIN, *à Tangoël.*

Soyez maudit! (*Il sort vivement à droite. Tangoël reste terrifié. Sylvaine est étendue par terre. La Fau-cheux, ayant pris la lampe, est accroupie près d'elle, lui éclaire le visage et la regarde.*)

FIN DU TROISIÈME ACTE.

ACTE QUATRIÈME

Le théâtre représente un lieu désert et inculte. Au fond de hauts rochers à pics entre lesquels on aperçoit la pleine mer. Au second plan une croix grossière fichée en terre, sur un tertre garni de fleurs. La scène est praticable de chaque côté, et au fond par un sentier ouvert entre deux rochers.

SCÈNE PREMIÈRE.

LA GRAND'FAUCHEUX, CINQ OU SIX JEUNES FILLES, *en pêcheuses de crevettes. Au lever du rideau, la Grand' Faucheux est assise non loin de la croix, la tête enfoncée dans ses mains qui posent sur ses genoux. Les pêcheuses traversent le théâtre en chantant.*

CHOEUR.

Sainte Anne, notre patronne,
Merci pour nous
Si la pêche fut bonne,
C'est grâce à vous.

LA FAUCHEUX.

Chantez, fillettes. Vous avez bien des jours à vivre, bien des gens à aimer, bien des occasions de rire; chantez, chantez! (*Elles sortent d'un côté pendant que de l'autre entrent les personnages suivants :*)

SCÈNE II

LA FAUCHEUX, GERMAIN. UN GABIER *et* TROIS MARINS. *Germain porte l'habit de marin. Ils apparaissent par l'un des sentiers du fond.*

LE GABIER.

Tu és bien sûr de ne pas nous égarer, au moins? (*Sur un signe.*) T'as beau dire, j'ai pas confiance.

GERMAIN.

Je connais les chemins, je vous dis. Une fois ici le sen-

tier conduit tout droit au village. Ah ! je le connais bien,
allez.

LA FAUCHEUX, *à part.*

Germain !... Il s'est donc embarqué ?. Qu'est-ce qu'il revient faire au pays ?

GERMAIN, *à part.*

La Grand'Faucheux !

LA FAUCHEUX, *à part.*

N'importe qui l'envoie ! reprends courage, La Faucheux ;
ce que tu crains n'arrivera peut-être pas.

LE GABIER.

Pour être plus sûr. je vas demander la route à cette brave
femme.

LA FAUCHEUX.

Votre camarade vous a dit vrai, il n'y a qu'à suivre la
route tout droit.

LE GABIER.

Merci, la mère.

GERMAIN.

Gabier, continuez avec les camarades. Je vous demande
la permission de m'arrêter ici un moment.

LE GABIER.

Qu'est-ce que tu feras là ? Nous ne pouvons rembarquer
avec ceux que nous venons de prendre, qu'à la pleine ma-
rée ; c'est deux grandes heures devant nous. Viens donc,
nous rirons au cabaret.

LA FAUCHEUX, *à part.*

En deux heures on fait bien des choses ! (*Elle suit avec
anxiété les hésitations du gabier.*)

GERMAIN.

Laissez-moi là, je vous rejoindrai.

LE GABIER.

Ah-çà ! pas de farces... c'est pas que tu veux déserter le
bord ? Tu me ferais là une méchante affaire.

GERMAIN.

Ne craignez rien.

LE GABIER.

Dame! on m'a confié quatre matelots faut que j'en ramène quatre.

GERMAIN.

Vous vous défiez de moi?

LE GABIER.

Non; mais tu es si nouveau avec nous; il n'y a pas encore deux mois que tu navigues, et au moment de filer à l'autre bout de l'Océan, il te prend peut-être du regret.

GERMAIN.

Non, gabier, je vous jure.

LE GABIER.

Allons, je te crois, mon garçon!

LA FAUCHEUX, *à part, avec joie.*

Enfin!

LE GABIER.

Mais si la tentation de déserter te prenait, dis-toi que l'équipage est tout juste assez nombreux pour le voyage, et que ça ne serait vraiment pas charitable de l'amoindrir d'un homme, hein?

GERMAIN.

Je vous dis que je jure.

LE GABIER.

Je me devais de te dire ça; le v'là dit, tout va bien. Et si tu peux, viens nous joindre au cabaret, va; ça vaut encore mieux que de rêvasser.

GERMAIN.

C'est dit, allez, Gabier.

LE GABIER.

Allons, nous autres! (*Ils sortent.*)

SCÈNE III

GERMAIN, LA FAUCHEUX.

GERMAIN.

Vous me reconnaissez, La Faucheux? (*Sur un signe affirmatif.*) La Sylvaine? (*La Faucheux lui montre la croix et l'observe.*)

GERMAIN.

C'est là?

LA FAUCHEUX.

C'est là! (*Germain va s'agenouiller et prier. La Faucheux se dirige vers la cabane, pousse la porte. Sylvaine paraît.*)

SCÈNE IV

Les Mêmes, SYLVAINE. *La Faucheux indique à Sylvaine Germain qui pleure. Sylvaine émue va se précipiter. La Faucheux lui met la main sur la bouche, lui imposant silence et l'oblige à rentrer dans la cabane.*

LA FAUCHEUX.

Tais-toi, pas d'imprudence.

SCÈNE V

Les Mêmes, *moins* SYLVAINE. *Germain se relève et lui tend la main.*

LA FAUCHEUX.

Pauvre Germain!

GERMAIN.

Ah! il faudrait être en moi pour se douter de ce que c'était que cet amour-là. (*S'essuyant les yeux.*) Ah! la Faucheux, la chère Sylvaine...

LA FAUCHEUX.

Elle t'aimait bien aussi.

GERMAIN.

Si elle m'aimait!... Elle qui n'avait pas reculé devant un crime!... Ma plus grande douleur, voyez-vous, c'est d'avoir douté d'elle, de m'être méfié... Mais qu'il m'a coûté cher, ce mauvais sentiment-là!

LA FAUCHEUX.

Mais pourquoi que tu es parti si vite?

GERMAIN.

Je ne voulais pas frapper un vieillard, et j'ai senti que, si je restais, j'oublierais son âge. Voyez! rien que pour penser à lui, la colère m'étrangle. C'est pour ne plus le rencontrer

que je suis parti. J'ai voulu mettre de la distance entre
nous, et comme j'ai cru que ce n'était pas encore assez, je
me suis embarqué à bord d'un brick flamand qui va dans les
Antilles. J'ai signé un engagement, et n'était qu'on doit
prendre ici deux ou trois passagers, on ne m'aurait jamais
revu dans le pays.

LA FAUCHEUX.

Pas moins, t'y voilà.

GERMAIN.

Oui. Quand on a demandé des hommes pour monter la
chaloupe, la tentation m'est venue. Je me suis offert.

LA FAUCHEUX.

Et à présent?

GERMAIN.

A présent je n'ose plus aller jusqu'au village.

LA FAUCHEUX.

Pourquoi?

GERMAIN.

Si je rencontrais son père.

LA FAUCHEUX.

Ça se pourrait!... Mais tu ne lui dirais rien, va.

GERMAIN.

Ah! ne croyez pas ça... si je le voyais...

LA FAUCHEUX.

Regarde, le voilà.

GERMAIN.

Le père Tangoël.

LA FAUCHEUX.

Le voilà là-bas, avec la petite Yvonne qui s'est vouée à
lui.

GERMAIN.

Hein?

LA FAUCHEUX.

Tiens-toi là, à l'écart; regarde-le bien, et tu te sentiras
soulagé de ta colère.

GERMAIN.

Mais ce n'est pas lui, la Faucheux; vous vous trompez.

LA FAUCHEUX.

Regarde!... ses pas sont incertains, sa tête est penchée,
son regard est vague. Tu ne comprends pas? Il est fou.
Vois, Yvonne le suit et le surveille. Il est comme un enfant,
doux et triste, attiré par des images que lui seul aperçoit;
l'oreille tendue à des bruits imaginaires, cherchant on ne
sait quoi. Eh bien! Germain, est-ce que tu as toujours
envie de frapper ce vieillard!

GERMAIN.

Mon Dieu! (*Tangoël paraît.*)

LA FAUCHEUX.

Prends garde! (*Germain se tient caché.*)

YVONNE, *devançant Tangoël.*

La Faucheux, c'est le père Tangoël qui vient comme
d'ordinaire. Ne lui disons rien; vous savez, il est dans ses
rêves, faut pas le troubler. (*Tangoël entre lentement, une
main appuyée sur l'épaule d'Yvonne; il s'approche de
la croix.*)

TANGOEL.

Soyez maudit!... Sylvaine, si Dieu te pardonne, s'il te
fait miséricorde... que ta voix parvienne jusqu'à moi, et me
dise : Je suis pardonnée.

YVONNE.

Pauvre homme !

TANGOEL.

Yvonne, vois donc, toutes ces fleurs sont séchées ; viens,
nous allons cueillir de belles bruyères et lui en apporter.
Viens, viens.

YVONNE.

Appuyez-vous, notre maître, je suis solide, allez. (*Ils
sortent par le fond.*)

SCÈNE VI

GERMAIN, LA FAUCHEUX.

GERMAIN.

Vous aviez raison, la mère, je n'ai plus de colère ; c'est
une grande pitié que je me sens pour lui. (*Il se dirige vers
le sentier.*)

LA FAUCHEUX.
Où vas-tu, Germain ?

GERMAIN.

Au village. Je vais revoir notre chère demeure, et puis tout sera dit, tout sera fini.

LA FAUCHEUX.

Alors c'est donc que je ne te reverrai plus ?

GERMAIN.

Si fait, faut bien que je repasse ici avec les camarades. Je vous dirai adieu, la Faucheux.

LA FAUCHEUX.

Eh bien ! va, mon garçon,

SCÈNE VII

PÉRIK, LA FAUCHEUX.

PÉRIK, *entrant brusquement.*

Grand'mère.

LA FAUCHEUX.

Lui !

PÉRIK.

C'est Germain !... il vous a parlé ? Qu'est-ce qu'il veut ? pourquoi qu'il est revenu ? Il ne sait rien, n'est-ce pas ? Vous n'avez rien dit ?

LA FAUCHEUX.

Non, mais je dirai tout.

PÉRIK.

Vous ?

LA FAUCHEUX.

Moi.

PÉRIK.

Non, non, vous ne ferez pas ça.

LA FAUCHEUX.

J'en ai-t-il pas le droit ? C'est moi qui l'ai veillée pendant des semaines sans m'endormir une heure ; c'est moi qui l'ai soignée, qui l'ai sauvée, enfin ; crois tu que j'ai fait tout ça pour la livrer après à ta passion féroce ?... Ote-toi ça de l'idée.

PÉRIK, *la tête cachée dans ses deux mains et suivant son idée, sans l'entendre.*

Comment faire?

LA FAUCHEUX.

Je l'aurais plutôt laissée mourir... Mais quelque chose me poussait, quelque chose me disait que l'avenir n'était pas fini pour elle, et tu vois que ce quelque chose-là ne me trompait pas; voilà Germain revenu!

PÉRIK.

Ah! vous êtes contre moi, vous aussi, c'est bon! je ne peux rien vous faire; mais ne vous dépêchez pas de crier victoire; tant que j'aurai un souffle de vie, il ne l'aura pas, sa Sylvaine! Plutôt que de la rendre à personne, j'aimerais mieux qu'elle fût perdue pour tous en la livrant à la justice.

LA FAUCHEUX.

Tu ne pourrais plus le faire à présent, Périk!

PÉRIK.

Et qui donc m'en empêcherait?

LA FAUCHEUX, *raillant.*

Oui! tu te crois bien fort; tu te crois une preuve contre elle.

PÉRIK.

J'en ai une aussi.

LA FAUCHEUX.

Va la chercher.

PÉRIK.

Hein?

LA FAUCHEUX.

Je ne voulais pas que tu fasses une infamie, et tu ne peux la faire à cette heure.

PÉRIK, *avec un cri.*

Ah!

LA FAUCHEUX.

J'ai cherché, j'ai trouvé.

PÉRIK, *furieux.*

Le mouchoir?

LA FAUCHEUX.

Je l'ai brûlé!

PÉRIK, *avançant sur elle*.

Vous avez fait ça, vous?

LA FAUCHEUX.

J'ai quatre-vingts ans, frappe; je suis ta grand'mère, frappe donc! j'y ai compté. Je sais ce qu'elle est ta fureur de bête fauve, ta fureur aveugle et sauvage. Je l'ai bravée, cependant, parce qu'il n'y a rien au monde qui me fasse faire une mauvaise action!

PÉRIK, *autre ton*.

Écoutez, grand'mère, vous ne voyez qu'une chose : mon naturel entier, emporté, bestial par moments. Vous vous dites que je veux la Sylvaine à tout prix, et malgré elle; eh bien!... c'est pas vrai! Je l'aime! je l'aime! comme si j'avais pas vécu en sauvage, comme si je n'avais jamais été méprisé et rebuté. Souvenez-vous!... Pendant qu'elle est restée chez vous mourante; après, quand elle a été mieux, je ne suis pas entré dans votre maison; vous me l'aviez défendu. Je restais à la porte comme un chien fidèle et soumis, même quand vous la laissiez seule. Depuis quinze jours déjà qu'elle peut sortir au soleil, elle ne m'a pas aperçu une fois; elle avait désiré ne pas me voir, je suis resté caché!... Je l'aime, je vous dis... Ce qui me rend furieux, ce qui peut me faire faire un malheur, c'est de la voir à un autre; voilà... et il n'y a que ça qu'il faut craindre. Écoutez-moi bien, car c'est ce que je voulais vous dire. J'ai décidé des amis à me procurer les moyens de quitter le pays, de m'embarquer avec elle, avec vous; un brick est là qui tient la mer et qui nous attend.

LA FAUCHEUX, *frappée*.

Ah! c'est toi qu'on attend; c'est toi qu'on vient chercher pour embarquer.

PÉRIK.

Tout à l'heure, à la pleine mer; j'ai vu la chaloupe amarrée à la grève.

LA FAUCHEUX, *à part*.

Et c'est Germain qui vient, pour... Ah! les desseins de Dieu!

PÉRIK.

Là-bas, grand'mère, tout s'oubliera ; je me conduirai en homme de courage et de probité, je travaillerai pour elle et pour vous... et je ne lui dirai rien ; je ne lui parlerai point de ma passion, je vous le jure !

LA FAUCHEUX.

Périk...

PÉRIK.

Vous ne me croyez pas, quand j'en jure ?

LA FAUCHEUX.

Si, je te crois... Mais tout ça c'est un rêve, ça ne peut pas arriver, c'est pas possible.

PÉRIK.

Ah ! prenez garde de me faire retomber dans ma rage !

LA FAUCHEUX, *solennelle.*

Quand ça ne serait pas un crime, quand la Sylvaine elle-même y consentirait, quand je le voudrais, enfin, c'est pas possible, entends-tu ?

PÉRIK.

Pourquoi donc ?

LA FAUCHEUX.

Pourquoi ? Ah ! crois-moi, Périk, crois ta vieille grand'-mère qui t'aime bien, malgré tout... il faut me dire adieu, il faut que ça soit toi qui partes ; il faut que Sylvaine reste ici.

PÉRIK, *furieux.*

Avec Germain ?

LA FAUCHEUX.

Il faut que tu partes, parce qu'il n'y a pas de puissance en ce monde qui puisse te donner la Sylvaine.

PÉRIK.

Ah ! tout le monde conspire contre moi ; eh bien, je me révolte contre tout le monde... Vous m'avez volé une preuve, j'en ai d'autres... Que Sylvaine s'apprête à me suivre dans un moment, sinon, elle est perdue !

LA FAUCHEUX.

Périk.

PÉRIK.

Il n'y a pas de rémission, elle est perdue. (*Il sort en courant.*)

LA FAUCHEUX.

Périk, mon fils !

SCÈNE VIII

LA FAUCHEUX, SYLVAINE.

LA FAUCHEUX, épuisée.

Le malheureux !... (*Ouvrant la porte de la cabane..*
Viens, Sylvaine, viens, mon enfant, un grand danger te
menace.

SYLVAINE.

Je le sais ; j'ai tout entendu.

LA FAUCHEUX.

En ce cas, tu comprends qu'il faut fuir.

SYLVAINE.

Non ; ce que je comprends, c'est que l'amour qu'on a
pour moi n'a fait que du malheur ! je ne veux plus qu'il en
cause à personne. Non, je vous dis, La Faucheux, il vaut
mieux que les choses restent comme elles sont. On me croit
morte ; ceux même qui m'ont pleurée sont habitués à cette
idée-là... que je reste morte pour eux, comme pour les
autres ! Ah ! tenez, si vous aviez bien fait, vous m'auriez
laissée mourir.

LA FAUCHEUX.

Je n'ai écouté que le devoir et je l'écouterai jusqu'au
bout. Aussi, je te le répète, Sylvaine, il faut me suivre, il
faut venir jusqu'à la grève. Là, tu trouveras les compa-
gnons de Germain, qui te protégeront jusqu'à ce qu'il arrive. Tu t'embarqueras avec lui et la liberté te sera
rendue.

SYLVAINE.

Et la raison sera-t-elle rendue à mon père ? et ça ren-
dra-t-il le bonheur à Germain, qui va me voir dénoncée par
Périk. Car il n'est pas homme à lâcher sa proie, et il vous
l'a dit, il a d'autres preuves, mais je l'attends et je le
brave.

LA FAUCHEUX.

Non, Sylvaine, crois-moi, viens!...

SYLVAINE.

Le voilà !

PÉRIK, *entrant.*

Sylvaine !

LA FAUCHEUX.

Va-t'en ! va-t'en !

PÉRIK.

Sylvaine, je viens te chercher et tu vas me suivre. (*Elle ne bouge pas.*) Écoute, de ce côté il y a un brick prêt à t'emmener avec moi ; viens, et je te fais serment de ne jamais te parler de mon amour. C'est le salut, c'est la délivrance ; ici, il y a la honte, l'infamie ; car, pour qu'il n'y ait pas à reculer, j'ai averti des gens de justice, j'ai dit que l'assassin est ici et je me suis engagé à le livrer.

LA FAUCHEUX.

Ah !

PÉRIK.

Ainsi, c'est fait. Tout le village me suit, viens, tu n'as que le temps d'échapper ; décide !

SYLVAINE.

Tu as fait cela, Périk ? Tu crois avoir été bien habile ? Que les gens de justice viennent donc ; avant qu'ils n'arrivent, je trouverai bien le moment de monter jusque-là et d'en finir ! (*Elle indique le sommet d'un rocher.*)

LA FAUCHEUX.

Tu n'en as pas le droit.

SYLVAINE.

Je n'ai pas le droit de me tuer ?

LA FAUCHEUX.

Non. Tu n'en a pas le droit. Et pourquoi ? je vas te le dire : tu avais tué un homme, je pouvais sans remords te laisser succomber, et puis tu étais le mauvais ange de mon fils. Mais en te veillant j'ai vu qu'il y avait deux êtres à sauver.

SYLVAINE.

Ah !

LA FAUCHEUX.

Tu n'as pas le droit de tuer ton enfant.

SYLVAINE.

Mon Dieu !

PÉRIK.

Son enfant! et on va venir la prendre! (*Il sort.*)

SCÈNE IX

LES MÊMES, GERMAIN.

SYLVAINE.

Germain !

GERMAIN, *accourant.*

Sylvaine! Sylvaine! (*Ils sont dans les bras l'un de l'autre.*) Tu m'es rendue! ... Ah! je ne veux plus te perdre! tout le village ameuté accourt pour te livrer. Je te défendrai, moi; je te sauverai. Viens, viens...

LA FAUCHEUX, *passant à droite, pendant que Germain et Sylvaine remontent.*)

Partez vite, je les entends! (*Murmures.*)

SCÈNE X

LES MÊMES, TANGOEL, YVONNE.

(*Germain et la Sylvaine se trouvent en face de Tangoël qui apporte des bruyères.*

YVONNE.

Mon Dieu! (*Sylvaine, épuisée, recule et se laisse tomber au pied de la croix. — Tangoël, ayant déposé ses bruyères, l'aperçoit et recule.*)

TANGOEL.

Toi, ma fille! Il faut que Dieu t'ait pardonnée puisqu'il t'a permis de revenir. (*Elle se jette à ses genoux.*)

SCÈNE XI

LES MÊMES, LE PEUPLE, *puis* PÉRIK.

(*Le peuple fait irruption sur le théâtre en poussant des clameurs.*)

LE PEUPLE.

Vengeance ! l'assassin ; l'assassin. (*Germain, éperdu,*

*s'est placé devant Sylvaine, avec La Faucheux, etc.
Périk paraît au haut du rocher.)*

PÉRIK, au peuple.

Oui, le sang de Gervais demande vengeance. J'ai promis de vous livrer une victime; cette victime, c'est moi!

LA FAUCHEUX, avec un mouvement.

Périk!

PÉRIK.

Ah! qu'on n'accuse personne, c'est moi qui ai tué Ger·vais... adieu, grand'mère!

LA FAUCHEUX, et les autres.

Ah! (*Périk envoie un baiser à sa grand'mère et se précipite dans les flots; on se groupe autour de La Faucheux qui pleure.*)

1477   Paris. — Typ. Morris père et fils 64, rue Amelot.

EN VENTE A LA MÊME LIBRAIRIE (*Suite.*)

Les Petits oiseaux, comédie en 3 actes, par MM. Eug. Labiche et Delacour. 2 »

Les Petits du premier, opéra-bouffe en un acte, par M. W. Busnach, musique de M. Em. Albert 1 »

Le Puits de Carnac, drame en 4 actes, par M. Ch. Dumay. 2 »

Le Pifferaro, comédie-vaudeville en un acte par MM. Siraudin, A. Duru et H. Chivot. 1 »

Le Plus Heureux des Trois, comédie en trois actes, par M. Eugène Labiche, et Edmond Gondinet. 2 »

Les Plaisirs du dimanche, pièce en 4 actes, par MM. Thiéry et P. Avenel. In-4. » 50

Le Point de mire, comédie en 4 actes, par MM. Labiche et Delacour. 2 »

Le Premier pas, comédie en un acte, par MM. Labiche et Delacour. 1 »

Premier prix de piano, comédie-vaudeville en un acte, par MM. Labiche et Delacour. 1 »

Procédure et Cavalerie, vaudeville en un acte de MM. H. Chivot et Alfred Duru, airs nouveaux de M. Richard. 1 »

Les Projets de ma Tante, comédie en un acte, en prose, par M. Henri Nicolle. 2e édit. 1 »

Le Petit-Voyage, pochade en un acte, p. M. Eugène Labiche. In-8. 1 »

Un Pied dans le crime, comédie-vaudeville en 3 actes, par MM. Eugène Labiche et Adolphe Choler. In-18. 2 »

Au Pied du mur, comédie en un acte, par M. E. de Najac. In-18. » 60

La Pupille d'un viveur, pièce en un acte, par MM. Lefranc et Decourcelle. In-18. 1 »

Les Rentiers, scènes de la vie bourgeoise, en 5 actes, par M. Edouard Brisebarre. In-18. 1 »

Le Rajah de Mysore, opérette bouffe en un acte, par MM. A. Duru et H. Chivot. 1 »

Les Relais, comédie en 4 actes, et en prose, par M. L. Leroy. 2 »

Retiré des affaires, comédie en deux actes, par MM. Ed. About et E. de Najac. In-18. 1 50

Rienzi, opéra en 5 actes, paroles et musique de Richard Wagner, traduction française de MM. Nuitter et Guillaume. In-18. 1 »

La Revanche de Candaule, opéra-bouffe en un acte, de MM. H. Thiéry et Paul Avenel, musique de M. Debillemont. 1 »

Sacripant, opéra-comique en 2 actes, paroles de M. Philippe Gilles, musique de M. Jules Duprato. In-18. 1 »

Les Sabots d'Aurore, comédie en un acte, par MM. Raymond Deslandes et William Busnach. In-18. 1 »

La Saint-François, comédie en un acte, en prose, par madame Amélie Perronnet. In-18. 1 »

Salvator Rosa, drame en 5 actes et 7 tableaux, par M. Ferdinand Dugué. Gr. in-8 anglais 3 »

Ces Scélérates de bonnes, vaudeville en 3 actes, par MM. Laurencin et Mic. Delaporte. 1 »

Le Sommeil de l'innocence, comédie-vaudeville en un acte, par MM. Varin et M. Delaporte. 1 »

Spartacus, vaudeville en un acte, de M. Charles Nuitter. 1 »

La Source, ballet en 3 actes et 4 tableaux, de M. Charles Nuitter, chorégraphie de M. Saint-Léon, musique de MM. Minkous et Léon Delibes. In-18. 1 »

Un Tailleur pour Dames, comédie-vaudeville en un acte, par M. J. Renard. 1 »

La Tante Honorine, ou les Espérances, comédie en 3 actes, par MM. Alfred Duru et H. Chivot. 2 »

Un Ténor pour tout faire! opérette en un acte, MM. Varin et Michel Delaporte, mus. de M. V. Robillard. 1 »

Les Treize, drame en 5 actes et 6 tableaux, tiré du roman de Honoré de Balzac, par MM. Ferdinand Dugué et G. Peaucellier. In-18. 1 50

Les Trente-sept Sous de M. Montaudoin, comédie-vaudeville en un acte, de MM. Labiche et E. Martin. 1 »

Les Tribulations d'un témoin, pièce en 3 actes, par M. Adrien Decourcelles. In-18. 1 50

Trois Hommes à jupons ou l'amour et la ceinture vaudev. en un acte, par M. Carmouche. 1 »

Les Trous à la Lune, scènes de la vie parisienne en 4 parties, par MM. E. Brisebarre et E. Nus. 1 »

Les Truffes, comédie en 4 actes, mêlée de chant par MM. Ed. Martin et Alb. Monnier. 1 »

Les Vacances de Cadichet, vaudeville en un acte, par MM. Commerson et Henri Normand. In-18, 1 »

La Veuve Beaugency, comédie-vaudeville en un acte, par MM. H. Chivot et A. Duru. 1 »

La Vieillesse de Brididi, vaudeville en un acte, de MM. A. Choler et Henri Rochefort. 1 »

Les Virtuoses du Pavé, bouffonnerie musicale en un acte, par M. William Busnach, mus. de M. A. Léveillé. » 60

Le Voyage en Chine, opéra-comique en 3 actes, par MM. Eug. Labiche et Delacour, musique de M. F. Bazin. 1 »

Le Vrai courage, comédie en 2 actes, par MM. Belot et Raoul-Bravard. 1 »

La Vie de château, folie-vaudeville en 3 actes, par MM. Chivot et Duru. In-18. 2 »

V'là le Général, folie vaudeville en un acte, par MM. Siraudin et Gaston Marot. 1 »

Le Wagon des Dames, comédie en un acte, par MM. Clairville et O. Gastineau. In-18 1 »

Yvonne, opéra comique en 3 actes, par M. Scribe, musique de M. Limnander. Gr. in-8. 1 »

9 782019 967895